Ramona Fromm

Zur Integration von Kindern mit Hörbeeinträchtigung in der Grundschule

D1699961

Umschlagphotographien: Ramona Fromm

Ramona Fromm

ZUR INTEGRATION VON KINDERN MIT HÖRBEEINTRÄCHTIGUNG IN DER GRUNDSCHULE

ibidem -Verlag
Stuttgart

Bibliografische Information Der Deutschen Bibliothek

Die Deutsche Bibliothek verzeichnet diese Publikation in der Deutschen
Nationalbibliografie; detaillierte bibliografische Daten sind im Internet
über <http://dnb.ddb.de> abrufbar.

∞

Gedruckt auf alterungsbeständigem, säurefreien Papier
Printed on acid-free paper

ISBN: 3-89821-294-7

© *ibidem*-Verlag
Stuttgart 2003
Alle Rechte vorbehalten

Printed in Germany

Ich möchte mich herzlich bei allen bedanken, die mich bis hierher unterstützt haben. Mein ganz besonderer Dank aber gilt Gabriel, Daniel, Simon und Natascha, ohne die dieses Buch niemals zustande gekommen wäre.

Gewidmet meinem Kind Natascha-Maria, Isabell und Simon Heinz.

Inhaltsverzeichnis

1. Einleitung

"Das Vorliegen einer Hörschädigung ist ein Ausschlusskriterium für eine integrative Beschulung eines hörgeschädigten Kindes. Fertig, Schluss."[1]

So oder ähnlich klingt es – auf den Punkt gebracht - häufig noch immer von Seiten zahlreicher Hörgeschädigtenpädagogen, wenn Eltern für ihr Kind mit einer Hörbeeinträchtigung eine integrative Beschulung anstreben. Mit einer fast unerschütterlichen Selbstverständlichkeit geht man in Fachkreisen bis zum heutigen Tage davon aus, dass für Kinder mit einer Hörbeeinträchtigung der Ort der Beschulung eine entsprechende Sondereinrichtung sein müsse. Nur hier – so ihre Argumentationsweise – kann man ihnen mit 'besonderen Maßnahmen' gerecht werden und den Samen dafür legen, dass sich das Kind als Jugendlicher bzw. Erwachsener in die Welt der Guthörenden[2] integrieren lässt. Diese Überzeugung ist umso unumstößlicher, je stärker die Hörbeeinträchtigung des Kindes ist.

Aus solchen Worten spricht eine lange Tradition im Umgang mit 'Behinderten'. Diese Tradition ist eine Tradition der Aussonderung. Es gilt gesellschaftlich häufig im-

---

[1] LÖWE, A./MÜLLER, R.J. (1990): "Für und wider die integrierte Beschulung hörgeschädigter Kinder." In: *Vierteljahresschrift für Heilpädagogik und ihre Nachbargebiete.* Heft 3: 503.

Dieses Werk berücksichtigt die Regeln der reformierten Rechtschreibung und Zeichensetzung. Zitate sind dieser Schreibweise angeglichen. Literaturangaben werden bei der ersten Nennung vollständig zitiert; danach beschränke ich mich auf einen Kurzbeleg mit dem Nachnamen des Verfassers, dem Erscheinungsjahr und der Seitenzahl.

[2] Den Begriff des 'Guthörenden' verwende ich als Bezeichnung für einen Menschen, dessen Gehör keiner auditiven Minderleistung unterworfen ist. Verwendung findet in der Regel auch der Begriff des 'Normalhörenden', den ich persönlich für wenig geeignet halte, da er 'die Norm' immer mitdenkt und bei einer Verwendung des Begriffes sprachlich zum Ausdruck bringt.

mer noch als normal, Menschen aufgrund bestimmter (subjektiv getroffener) Kriterien zu separieren.[3]

Dass eine gesellschaftliche Integration so nicht gelingen kann, darauf haben Kritiker des Sonderschulsystems an vielen Stellen bereits vehement hingewiesen: "Wenn wir wollen, dass die Menschen in unserer Gesellschaft gemeinsam und miteinander Erfahrungen machen und auch als Erwachsene miteinander leben können, müssen wir ihnen in der Grundschule von Anfang an die Grundlage zum gemeinsamen Leben schaffen."[4] Aus nur losen und oberflächlichen Kontakten der Bevölkerungsmehrheit mit Behinderten resultieren anderenfalls Informationsdefizite, die leicht in Diffamierungen einmünden, wenn "...z.B. Geistigbehinderte als unergründlich, unberechenbar und launisch..."[5] eingeschätzt werden.

Dem Widerstand zahlreicher Hörgeschädigtenpädagogen zum Trotz, findet eine integrative Beschulung von hörbeeinträchtigten Kindern denn auch statt. So werden beispielsweise in Berlin (Stand September 2001) 154 Kinder mit einer Hörbeeinträchtigung integrativ beschult. Der überwiegende Anteil von ihnen an Grundschulen.[6] FRERICHS ging noch 1996 von 106 integrativ beschulten Kindern aus, was damals einem Anteil von 27,7% entsprach.[7] Der Anteil integrativ beschulter Kinder scheint demnach - zwar langsam, aber ste-

---

[3] Vgl. SCHÖLER, J. ([4ERG.]1997): "Nichtaussonderung von 'Kindern und Jugendlichen mit besonderen pädagogischen Bedürfnissen'." In: EBERWEIN, H. (Hg.): *Handbuch Integrationspädagogik.* Weinheim, Basel: 108.

[4] MEIER, R./HEIER, P. ([4erg.]1997): "Grundschule – Schule für alle Kinder. Voraussetzungen und Prozesse zur Entwicklung integrativer Arbeit." In: EBERWEIN, H. (Hg.): *Handbuch Integrationspädagogik.* Weinheim, Basel: 228.

[5] SUSTECK, H. (1997): "Grundschule als Schule für alle." In: *Grundschule.* Heft 2: 9.

[6] Vgl. LANDESSCHULAMT BERLIN (Hg.) (2002): *Das Schuljahr 2001/02 in Zahlen für die allgemeinbildende Schulen.* Berlin: 109.

[7] Vgl. FRERICHS, H.H. (1996): "Integrative Förderung und Bildung schwerhöriger und hochgradig hörgeschädigter Kinder und Jugendlicher in Bildungseinrichtungen der Bundesrepublik Deutschland." In: *Hörgeschädigtenpädagogik.* Heft 2: 103.

tig - zu steigen.[8] (Auch) aus diesem Grund ist es notwendig, sich ausführlich mit der Integration von Kindern mit einer Hörbeeinträchtigung in der Grundschule zu beschäftigen.

Grundlage für eine derartige Beschäftigung ist, einen Blick auf die Integrationspädagogik ganz allgemein zu werfen: Was bedeutet Integration, welche Ziele sollen auf welchem Weg erreicht werden, wie wurden und werden Kinder mit einer auditiven Minderleistung traditionellerweise beschult und welchen Weg hat die integrative Erziehung und Unterrichtung bislang bereits zurück gelegt? Dieser Überblick wird in Kapitel 2 der vorliegenden Abhandlung als Einstieg geboten.

Eine verantwortungsvolle Integration zum Wohl aller Kinder – aber auch der Lehrerin(nen)[9] - funktioniert in der Regel nicht, ohne dass auf schulischer Ebene mit veränderten Lern- und Lehrsituationen reagiert wird. Diese notwendigen Veränderungen werden in Kapitel 3 dargelegt.

14-15 Millionen Menschen in der Bundesrepublik Deutschland sind von einer auditiven Minderleistung betroffen und ca. 80.000 dieser Personen sind gehörlos.[10] Dennoch sind die Vorstellungen innerhalb der Bevölkerung darüber, was ein teilweiser oder vollständiger Verlust des Gehörsinns für den Betroffenen bedeutet, sehr unklar und in vielen Fällen falsch.[11] Als eine wesentliche Voraussetzung für eine gelingende Integration von einem Kind mit einer Hör-

---

[8] Dennoch stieg der Anteil der Sonderschüler von 1991 bis 2000 kontinuierlich von 343.500 auf 419.500 an; das ist ein Plus von 22,1%. Vgl. HAARMANN, D./HECKT, H. (2003): "Gelesen+++gesehen+++gehört." In: *Grundschule*. Heft 9: 6.

[9] Noch immer ist der überwiegende Anteil der an einer Grundschule arbeitenden Lehrkräfte weiblichen Geschlechts. Diesem Umstand trage ich Rechnung, indem ich für sämtliche Berufsbezeichnungen die weibliche Sprachform wähle. Diese bezieht sich selbstverständlich immer auf beide Geschlechter. In anderen Fällen, wo die männliche Sprachform Verwendung findet, ist entsprechend die weibliche Sprachform mit gemeint.

[10] HANNOVERSCHE COCHLEAR-IMPLANT GESELLSCHAFT E.V. (o.J.): "Einige Erläuterungen zum Cochlear-Implantat (CI)." Online im Internet: http://www.hcig.de/Was_ist_ein_CI/was_ist_ein_ci_.html (Datum des Abrufs: 24.08.2003).

[11] Vgl. hierzu z.B. die Angaben von RINGELER, A. (2003): "Schwerhörigkeit vor dem CI." In: *Schnecke*. Heft 40: 18.

beeinträchtigung muss somit angesehen werden, dass die Lehrerin möglichst detailliert über das Phänomen Hörbeeinträchtigung informiert ist. Nur so ist in vielen Fällen das Verhalten von Eltern und Kind zu verstehen und nur so wird nachvollziehbar, was das Kind unter welchen Bedingungen akustisch oder visuell in der Lage ist aufzunehmen. Dem trage ich Rechnung, indem ich mich in den Kapiteln 4 bis 6 mit dem Phänomen Hörbeeinträchtigung in ganz unterschiedlichen Facetten beschäftigen werde.

Kapitel 4 ist den unterschiedlichen Arten und Graden der Hörschäden ebenso gewidmet, wie einigen Anmerkungen zur visuellen Sprachperzeption, aber auch dem Vorstellen zahlreicher manueller und technischer Hilfsmittel, die auch in einer unterrichtlichen Situation Verwendung finden könnten.

Immer mehr Kinder mit einem Hörverlust von mehr als 80 Dezibel (dB) werden immer früher mit gutem Erfolg für das Hörvermögen und den Erwerb von Lautsprache mit einem Cochlear Implantat versorgt und besuchen aufgrund dessen den Regelkindergarten und im Anschluss hieran die Regelschule.[12] Viele Fachleute sehen in einem Cochlear Implantat große Chancen in Hinblick auf die Perzeption und Expression von Lautsprache bei früh versorgten Kindern.[13] Dennoch ist die Versorgung mit einem 'CI' noch immer alles andere als unumstritten. Hieraus resultiert ein enormer Informationsbedarf – gerade auf Seiten der Pädagoginnen an einer Regelschule. Nur durch Informationen können Ängste ab- und realistische Erwartungen aufgebaut werden. Dies ist die Basis für einen entspannten Umgang mit dem Kind. In Kapitel 5 beschäftige ich mich aus diesem Grund sowohl mit ganz grundlegenden Informationen über Aufbau und Funktionsweise eines Cochlear Implantats[14], aber auch mit der Frage, welche Erwartungen man an eine CI-Versorgung realisti-

---

[12] Vgl. OHREN-HALS-NASENKLINIK DES UNIVERSITÄTSSPITALS ZÜRICH (o.J.): "Cochlear Implants für Kinder an der Ohren-Hals-Nasenklinik des Universitätsspitals Zürich." Online im Internet: http://www.unizh.ch/orl/services/infobla2.htm (Datum des Abrufs: 15.08.2001).

[13] Vgl. z.B. MÜLLER, R.J. (²1996): ...ich höre - nicht alles! Hörgeschädigte Mädchen und Jungen in Regelschulen. Heidelberg: 49.

[14] Nur hierdurch erhält die Lehrerin z.B. die Möglichkeit, Berührungsängste zu verlieren und bei einem evtl. Funktionsausfall des Sprachprozessors zu intervenieren.

scherweise haben sollte. Da gerade auch Überlegungen zu einer kulturellen Identität von früh implantierten Kindern in Fachkreisen Gegenstand zahlreicher Erörterungen ist, soll dieser Komplex im weiteren ebenso angesprochen werden wie die Wahl adäquater sprachlicher Mittel im Umgang mit den Kindern.

Eine Hörbeeinträchtigung besitzt z.T. massive Auswirkungen auf die Interaktion, Kommunikation und die psychische und soziale Situation eines von ihr Betroffenen und kann die Behinderung des Individuums zur Folge haben. Hierüber zu informieren ist Anliegen des 6. Kapitels.

Die Diskussion über die Möglichkeit einer integrativen Beschulung von Kindern mit einer Hörbeeinträchtigung spitzt sich besonders dort zu, wo eine Integration nicht nur für leicht- und mittelgradig hörbeeinträchtigte Kinder gefordert wird, sondern für alle Kinder. Unabhängig von ihrem Hörvermögen, ihrem sprachlichen Entwicklungsstand und der Schwere ihrer Beeinträchtigung. Dies ist der Grund dafür, dass die sog. Kontinuumstheorie, aber auch zahlreiche Parameterkataloge noch immer einen großen Einfluss auf die integrative Praxis der Bundesrepublik Deutschland besitzen.[15] Kapitel 7 beschäftigt sich aus diesem Grund mit möglichen Grenzen der schulischen Integration und hinterfragt diese kritisch.

Kapitel 8 wiederum legt die wesentlichen Argumenten der Integrationsgegner ebenso dar, wie die Erwiderungen der Integrationsbefürworter. Erst durch ein gewissenhaftes Abwägen der erwartbaren Vor- und Nachteile einer segregierten bzw. integrierten Beschulung ist die eigene Positionsfindung möglich. Diese wird in Kapitel 10 als Resümee dargelegt.

---

[15] Dass die Situation in anderen Ländern ganz anders aussieht, darauf hat z.B. SCHÖLER verwiesen. "Diskussionen über Grenzziehungen nach Art und Grad der Behinderung stoßen bei den FachkollegInnen aus anderen Ländern auf großes Unverständnis." SCHÖLER, J. (1992): "Grenzenlose Integration." In: LERSCH, R./VERNOOIJ, M. (Hg.): *Behinderte Kinder und Jugendliche in der Schule.* Bad Heilbronn: 89. Zitiert nach MÜLLER (²1996): 37. Vgl. ebenso SUSTECK (1997): 8.

In Kapitel 9 werden die konkreten Voraussetzungen vor Ort dargelegt. Die Frage, die sich hierbei stellt, ist: Was muss ganz konkret getan werden, damit eine schulische Integration von Kindern mit einer Hörbeeinträchtigung gelingen kann? Dass es sich dabei um z.T. relativ kostengünstige, aber nicht immer leicht umzusetzende Maßnahmen handelt, wird hierbei ebenso Berücksichtigung finden wie die Tatsache, dass alle Kinder von einem derartigen Unterricht – mit z.b. vermehrten Visualisierungen und einer verringerten akustischen Belastung - profitieren können.

Ich möchte an dieser Stelle darauf hinweisen, dass sich meine Ausführungen auf Kinder mit einer Hörbeeinträchtigung ganz allgemein beziehen. Den spezifischen Besonderheiten und evtl. auftretenden Problemfeldern bei der Integration von resthörigen oder gehörlosen Kindern kann deshalb nur in Ansätzen entsprochen werden. Aus diesem Grund findet auch die seit vielen Jahren geführte Auseinandersetzung zwischen Anhängern der lautsprachlichen und der gebärdensprachlichen Erziehung lediglich rudimentär Berücksichtigung.[16] Der Bedeutung der Deutschen Gebärdensprache als vollwertige Sprache der Gehörlosengemeinschaft kann aus obigen Gründen ebenfalls nur in Ansätzen entsprochen werden.

---

[16] Für detailliertere Informationen gerade zu diesem Themenkomplex verweise ich auf die Ausführungen von HOLLWEG, U. (1999): *Integration hochgradig hörbeeinträchtigter Kinder in Grundschulklassen.* Neuwied, Kriftel, Berlin.

2. Die Grundschule als Schule für alle Kinder?

2.1 Integration – Zur Herkunft eines Begriffs

Das Verb 'integrieren' findet im 18. Jh. Eingang in den Sprachschatz und setzt sich aus lat. 'integrare' ('ergänzen') und lat. 'integer' ('unberührt', 'ganz') zusammen.[17] Etwas 'zu integrieren' bedeutet demnach: "...etwas zusammenfügen, das vorher getrennt war, die Wiederherstellung eines Ganzen."[18]

2.2 Integration im erziehungswissenschaftlichen Sinne

Im erziehungswissenschaftlichen Sinne ist unter Integration die gemeinsame Erziehung und Unterrichtung von Kindern mit und ohne Beeinträchtigung[19] zu verstehen.[20]

Die Integrationspädagogik beschäftigt sich demnach mit der Eingliederung von Kindern mit Beeinträchtigung in das Regelschulsystem, welche bislang noch immer überwiegend in Sondereinrichtungen - abgegrenzt von anderen Kindern ihres Alters – erzogen und unterrichtet werden.[21]

2.3 Wege und Ziele integrativer Erziehung und Unterrichtung

Das übergeordnete Ziel aller an der Integration beteiligten Personen ist es, einer Isolation von Menschen mit einer Beeinträchtigung innerhalb unserer Gesellschaft vorzubeugen und statt dessen eine soziale Integration zu erreichen. Trotz dieser gemeinsamen Zielsetzung gibt es über den bestmöglichen Weg zu diesem Ziel oftmals keine Einigkeit. Das Lager der Pädagogen spaltet sich häufig noch immer in zwei Gruppen, die sich größtenteils unversöhnlich gegenüber stehen.

---

[17] Vgl. KOBI, E.E. (4erg 1997): "Was bedeutet Integration? Analyse eines Begriffs." In: E-BERWEIN, H. (Hg.): *Handbuch der Integrationspädagogik.* Weinheim, Basel: 71.
[18] SCHÖLER, J. (1993): *Integrative Schule – integrativer Unterricht. Ratgeber für Eltern und Lehrer.* Reinbek bei Hamburg: 9.
[19] Der Begriff der Beeinträchtigung ist im Sinne der WHO-Definition zu verstehen. Vgl. Kapitel 2.6 dieser Veröffentlichung.
[20] Vgl. MÄHLER, B./SCHRÖDER, S. (1991): *Kleines Schullexikon.* Frankfurt/M.: 51.
[21] Vgl. SCHÖLER (1993): 9.

Auf der einen Seite stehen diejenigen (Sonder-)Pädagogen, die eine gesell-schaftliche Integration von Menschen mit einer Beeinträchtigung über den Weg der institutionellen Separation erreichen wollen. Sie sind nicht gegen ei-ne gesellschaftliche Integration, sondern 'nur' gegen einen gemeinsamen Aufenthalt in Regeleinrichtungen innerhalb unserer Gesellschaft.[22]

Auf der anderen Seite stehen die Pädagogen, für die es eine gesellschaftli-che Integration nur über den Weg des gemeinsamen Lebens in allen gesell-schaftlichen Bereichen - und damit notwendigerweise einhergehend auch ü-ber eine gemeinsame Unterrichtung von Kindern mit und ohne Beeinträchti-gung - geben kann.[23]

Für unsere Gesellschaft bedeutet das Streben nach Integration, dass Men-schen mit einer Beeinträchtigung vom Augenblick der Diagnose ihrer Schädi-gung[24] an akzeptiert werden müssen und dass für jeden Einzelnen die Rah-menbedingungen dafür geschaffen werden, am gemeinsamen Leben aller anderen Menschen mit Würde gleichberechtigt teilzunehmen.[25] Eine Integra-tion verändert nicht das Sein des Individuums, sondern sein Dasein; nicht die

---

[22] Die häufigsten der von ihnen dargebrachten Gründe sind in Kapitel 8 dieser Veröffentli-chung zu finden.

[23] Innerhalb der Integrationspädagogik wiederum gibt es unterschiedliche Auffassungen darüber, wieweit die gesellschaftliche Tragweite der geforderten Integration gehen soll. Die Vorstellungen reichen vom pädagogisch Machbaren im Hier und Jetzt hin zu ganz grundlegenden Veränderungen des Schulsystems. Je fortgeschrittener die Diskussion ist, umso lauter werden auch diejenigen Stimme, die Integrationspädagogik als innere und äußere Schulreform begreifen. Vgl. DEPPE-WOLFINGER, H. (1990): "Integration im ge-sellschaftlichen Wandel." In: DEPPE-WOLFINGER, H./PRENGEL, A./REISER, H.: *Integrative Pädagogik in der Grundschule*. München: 311.

[24] Der Begriff der Schädigung ist im Sinne der WHO-Definition zu verstehen. Vgl. Kap. 2.6 dieser Veröffentlichung.

[25] Für Kinder bedeutet dies z.B. ein Recht darauf, am gemeinsamen Leben, Lernen und Spielen aller anderen Kinder (im entsprechenden Einzugsbereich) teilnehmen zu können. Vgl. SCHÖLER, J. (1989): "Nicht-Aussonderung behinderter Kinder im Schulalter." In: SCHÖLER, J. (Hg.): *Ansätze zur Integration behinderter Kinder und Jugendlicher in den Ländern der Europäischen Gemeinschaft*. Berlin: 77. Vgl. ebenso BEGEMANN, E. (4erg.1997): "Theoretische und institutionelle Behinderungen der Integration?" In: EBERWEIN, H. (Hg.): *Handbuch der Integrationspädagogik*. Weinheim, Basel: 176.

Beeinträchtigung, aber das psychosoziale Gefüge des Behinderungszustandes und hierdurch den Status des Einzelnen. Es geht immer um einen Prozess gegenseitiger Anverwandlung; einseitige Anpassungsleistungen erfüllen das Postulat integrativer Zielsetzungen nicht.[26] Eine prinzipielle Ausgrenzung eines Kindes mit einer bestimmten Beeinträchtigung ist mit dem Integrationsgedanken nicht zu vereinbaren.[27] Kindergärten und (Grund-)Schulen sollen vielmehr jederzeit in der Lage sein, ein ortsansässiges Kind mit einer Beeinträchtigung aufzunehmen.[28] Denn:

"Wenn man von der Gemeinsamkeit als einem Menschenrecht her denkt [sic!] ... ist nicht die Frage nach der Integrationsfähigkeit des behinderten Kindes bedeutsam, sondern die Frage nach der Integrationsfähigkeit der allgemeinen Schule, in die ein behindertes Kind aufgenommen werden soll."[29]

Für Kinder ohne Beeinträchtigung bedeutet die Hereinnahme von Kindern mit Beeinträchtigung in den Unterricht eine Verbesserung ihrer schulischen Bedingungen, da der falsche Schein gleicher Leistungsfähigkeit aller Kinder einer Regelschule durchbrochen und zugunsten von Differenzierungen für alle aufgegeben wird.[30]

Ein weiteres wichtiges Ziel kann darin gesehen werden, allen Kindern die Möglichkeit zu geben, den sozialen Umgang mit den jeweils anderen durch das tägliche Miteinanderleben zu erlernen und zu üben. Verhindert werden soll, dass sich "...behinderte und nichtbehinderte Menschen ... verständnislos

---

[26] Vgl. KOBI ([4erg] 1997): 76ff.

[27] Vgl. MÜLLER, H. (1988): "Integration aus der Sicht der Schulbehörde." In: WOCKEN, H./ANTOR, G./HINZ, A. (Hg.): *Integrationsklassen in Hamburger Grundschulen. Bilanz eines Modellversuchs.* Hamburg: 27.

[28] Vgl. MÖCKEL, A. ([4erg] 1997): "Die Funktion der Sonderschulen und die Forderung der Integration." In: EBERWEIN, H. (Hg.): *Handbuch Integrationspädagogik.* Weinheim, Basel: 45.

[29] MUTH, J., zitiert nach HÜWE, B. (1993): "Jacob Muth – Wegbereiter der Integration von behinderten Kindern und Jugendlichen." In: *Gemeinsam leben.* Heft 3: 101.

[30] Vgl. DEPPE-WOLFINGER (1990): 318. Vgl. ebenso HEYER, P. (1997): "Zum Stand der Integrationsentwicklung in Deutschland." In: *Grundschule.* Heft 2: 14.

gegenüberstehen und sich schon aus diesem Grunde voneinander abgrenzen, schlimmstenfalls einander mit Misstrauen und Ablehnung begegnen."[31]

Integration als erziehungswissenschaftlich-gesellschaftliches Ziel soll also entweder durch eine (vorläufige) Separation oder durch Integration als Methode erreicht werden.[32]

Der zahlenmäßig größte Teil von Kindern mit Beeinträchtigungen wird noch immer in Sonderkindergärten und in Sonderschulen – ausgegrenzt – betreut.[33]

2.4 Ein Blick zurück auf die Erziehung und Bildung von Menschen mit Hörbeeinträchtigung

Bei der Gehörlosenpädagogik handelt es ich um die älteste sonderpädagogische Fachrichtung.[34] Erste Bildungsversuche wurden von Mönchen in Klöstern unternommen und DE LEÓN (1510 – 1584) war der erste Gehörlosenlehrer, welcher gleich 12 Menschen mit einer Hörbeeinträchtigung unterrichtete.[35] Die erste Privatschule der Welt für Gehörlose wurde von dem Engländer BRAIDWOOD (1715 – 1806) 1760 gegründet.[36]

Einen entscheidenden Einfluss auf die institutionalisierte Bildung Gehörloser übten die Schulgründungen von DE L'EPÉE (1712 – 1789) 1770 in Paris und HEINICKE (1727 – 1790) 1778 in Leipzig aus, die sich beide – fachlich gesehen – als Kontrahenten gegenüber standen.[37] Durch die Etablierung der beiden öffentli-

---

[31] ARBEITSGRUPPE INTEGRATION AN DER STAATLICHEN INTERNATSSCHULE FÜR HÖRGESCHÄDIGTE SCHLESWIG (1992): *Unterrichtliche Integration hörgeschädigter Kinder.* Heidelberg: 32.

[32] Vgl. KOBI (4erg.1997): 75.

[33] Vgl. SCHÖLER (1993): 9.

[34] Vgl. HOLLWEG (1999): 62.

[35] Vgl. LEONHARDT, A. (1999): *Einführung in die Hörgeschädigtenpädagogik.* München: 183ff. Vgl. ebenso LÖWE, A. (1992): *Hörgeschädigtenpädagogik international.* Heidelberg: 25.

[36] Vgl. LEONHARDT (1999): 188.

[37] Vgl. ebenda: 191. Die Methode L'EPÉES wurde bestimmt durch Gebärdenzeichen und Schrift, wobei der Schrift die Aufgabe zukam, die Gebärdensprache zu übersetzen. Dieses

chen Institute in Paris und Leipzig folgten weitere zahlreiche Schulgründungen, die sich mit ihren Konzeptionen entweder an der Arbeit in Paris oder in Leipzig orientierten. Das gebärdensprachliche Verfahren setzte sich zunächst stärker durch.[38]

1805 wurde in den Herzogtümern Schleswig und Holstein die 'allgemeine Schulpflicht für Taubstumme' eingeführt. In anderen Ländern im Deutschen Reich trat die Schulpflicht erst später in Kraft.[39]

Allen Gehörlosenschulen war gemeinsam, dass in ihnen die Zöglinge isoliert von der Außenwelt lebten und lernten; ein Umstand, der bald auf harsche Kritik stieß. Gefordert wurde, die Gehörlosen in den heimatlichen Volksschulen mit zu unterrichten. Gegen Ende der ersten Hälfte des 19. Jh.s setzte sich als Folge hiervon die Verallgemeinerungsbewegung durch.[40] Pädagogisch gesehen wurden vor allem zwei Ziele verfolgt: Das gehörlose Kind sollte zum einen nicht mehr von der hörenden Welt isoliert werden, sondern im Kreise seiner Familie aufwachsen und wohnortnah beschult werden. Zum anderen sollte dem Kind der Lautspracherwerb auf natürlichem Wege über das Absehen[41] ermöglicht werden. Bekanntester Vertreter der Verallgemeinerungsbewegung war GRASER

Verfahren ging unter der Bezeichnung 'Französische Methode' in die Geschichte ein. Vgl. LÖWE (1992): 42. HEINICKE wiederum war strenger Verfechter des Lautsprachlichen Unterrichts; die natürliche Gebärde fand, falls erforderlich, zur Erklärung Verwendung. Er gilt als Begründer der 'Deutschen Methode'. Die noch heute andauernde Auseinandersetzung zwischen Anhängern des gebärdensprachlichen und Verfechtern des lautsprachlichen Unterrichts ist als 'Methodenstreit' in die Geschichte der Bildung und Erziehung von Menschen mit Hörbeeinträchtigungen eingegangen und konnte bis zum heutigen Tage nicht zufriedenstellend gelöst werden. Vgl. LEONHARDT (1999): 193f.

[38] Vgl. ebenda: 194.

[39] So z.B. 1870 in Hamburg, 1873 in Sachsen und erst 1911 in Preußen. Zum Vergleich: Die allgemeine Schulpflicht in Preußen wurde bereits 1717 eingeführt und stand seit 1795 unter staatlicher Aufsicht. Vgl. HOLLWEG (1999): 63 und MICROSOFT: *Encarta Enzyklopädie PLUS 2001.* Stichwort 'Schulpflicht in Preußen'.

[40] Unter 'Verallgemeinerung' ist eine Verbreitung derjenigen Kenntnisse zu verstehen, die ein Lehrer nach damaligen Verständnis haben musste, um gehörlose (und blinde) Kinder zusammen mit vollsinnigen Kindern zu unterrichten. Vgl. LEONHARDT (1999): 196.

[41] Vgl. 4.6 dieser Veröffentlichung.

(1766-1841).[42] Er gilt weltweit als Vater der integrierten Beschulung von Kindern mit einer Hörbeeinträchtigung. Die Auswirkungen einer gemeinsamen Beschulung wurden vor allem von einigen Elementarschullehrern als sehr positiv erlebt.[43] Die Verallgemeinerungsbewegung scheiterte dennoch[44] und besaß bereits um die Jahrhundertwende keinerlei Bedeutung mehr.

Der Beginn des 20. Jh.s stand ganz im Zeichen des Ausbaus von Sonderschulen und einer Differenzierung der Schüler nach dem Grad ihrer Hörschädigung, ihrer Begabung und Intelligenz.[45] In Berlin kam es 1902 aufgrund der Bemühungen des Hals-Nasen-Ohren-Arztes HARTMANN (1849 – 1931) zur Gründung der weltweit ersten öffentlichen Schule für Schwerhörige.[46]

Nach dem zweiten Weltkrieg wurden aus dem Ausland zahlreiche Integrationsprojekte bekannt, in denen Kinder mit Hörbeeinträchtigung erfolgreich in Regelschulen unterrichtet wurden.[47] 1959 wurde in Heidelberg von LÖWE (1922-2001) die erste Pädaudiologische Beratungsstelle für Eltern von Kleinkindern mit einer Hörbeeinträchtigung im deutschsprachigen Mitteleuropa gegründet. Diese Einrichtung wurde zu einem Zentrum für die Einführung der frühen Hör-Spracherziehung in Elternhäusern mit Säuglingen und Kleinkindern mit einer

---

[42] Die Grundideen der Verallgemeinerung wurden jedoch bereits von HEINICKE formuliert. Sein Anliegen war, allen gehörlosen Kindern eine Schulbildung zu ermöglichen. Da dies aufgrund der Anzahl der zur Verfügung stehenden Gehörlosenschulen in Sachsen nicht möglich war, forderte er, gehörlose Schüler in allgemeinen Volksschulen der nächsten Umgebung auszubilden. Vgl. ARBEITSGRUPPE INTEGRATION AN DER STAATLICHEN INTERNATSSCHULE FÜR HÖRGESCHÄDIGTE SCHLESWIG (1992): 3f.

[43] Vgl. LÖWE (1992): 53. Vgl. ebenso HOLLWEG (1999): 64.

[44] Letztlich u.a. an den äußeren Rahmenbedingungen der Schulen, an der schlechten Ausbildung der Lehrer, mangelnder Kooperation zwischen Elternhaus und Schule, aber auch daran, dass eine technische Nutzbarmachung von Hörresten noch nicht bekannt war. Vgl. ebenda: 197. Vgl. LÖWE (1992): 56f. Vgl. ebenso ARBEITSGRUPPE INTEGRATION AN DER STAATLICHEN INTERNATSSCHULE FÜR HÖRGESCHÄDIGTE SCHLESWIG (1992): 12-15.

[45] Vgl. HOLLWEG (1999): 65.

[46] Vgl. ARBEITSGRUPPE INTEGRATION AN DER STAATLICHEN INTERNATSSCHULE FÜR HÖRGESCHÄDIGTE SCHLESWIG (1992): 15.

[47] Vgl. HOLLWEG (1999): 65.

Hörbeeinträchtigung und fand innerhalb der nächsten Jahre zahlreiche Nachahmer.[48] Die aus einer derartigen Früherziehung resultierenden großen Erfolge hinsichtlich der emotionalen, kognitiven, psychomotorischen, sozialen und sprachlichen Entwicklung der betreffenden Kinder und die Entwicklung individueller technischer Hörhilfen ließ die Möglichkeit einer Regelbeschulung in Deutschland erstmals für breitere Teile der Öffentlichkeit sinnvoll erscheinen.[49]

2.5 Geschichtlicher Rückblick auf die Integrationspädagogik

Integrationspädagogik kann verstanden werden als eine Rückführung zu den Wurzeln des Schulgesetzes der Weimarer Verfassung, wo bereits 1920 festgelegt wurde, dass die Grundschule eine "...für alle Kinder gemeinsame Schule..."[50] sei: "...für die mehr wie für die weniger begabten, für die schneller wie für die langsamer lernenden, für die problemlosen wie für die sozial, kulturell, familiär, gesundheitlich oder auf welche Art auch immer benachteiligten Kinder."[51] Betrachtet man unsere heutige schulische Situation, wird deutlich, dass sich die Schule seit 1920 konsequent von diesem Anspruch aufgrund unterschiedlicher gesellschaftlicher Entwicklungen und den hieraus resultierenden schulischen Selektionspraktiken entfernt hat.[52]

2.5.1 Die erste Phase der Integrationsdiskussion

Seit 1970 sind jedoch bereits gegenläufige Tendenzen zu obiger Entwicklung zu verzeichnen. Zu diesem Zeitpunkt wurde erstmals die Frage nach der Einbezie-

---

[48] Vgl. LÖWE (1992) 98-101.

[49] Vgl. HOLLWEG (1999): 66.

[50] EBERWEIN, H. ([4erg.]1997): "Integrationspädagogik als Weiterentwicklung (sonder-)pädagogischen Denkens und Handelns." In: EBERWEIN, H. (Hg.): Handbuch Integrationspädagogik. Weinheim, Basel: 58.

[51] HAARMANN, D. (1991): "Integration behinderter Kinder – Sonderfall oder Modell für Grundschulunterricht überhaupt?" In: VALTIN, R./SANDER, A./REINARTZ, G. (Hg.): Gemeinsam leben – gemeinsam lernen. Behinderte Kinder in der Grundschule. Konzepte und Erfahrungen. Frankfurt/M.: 7.

[52] Selektiert wurde in erster Linie zur Entlastung der allgemeinen Schule – und nicht, um eine bessere Förderung der Schüler mit Lernproblemen zu gewährleisten. Vgl. EBERWEIN ([4erg.]1997): 58. Orientierungspunkt war bei der Aussonderung die Fiktion des sog. Durchschnittsschülers, den es in Realo jedoch nicht gibt, da jedes Kind individuell spezifisch lernfähig ist. Vgl. BEGEMANN ([4erg.]1997): 176 – 183.

hung von Sonderschulen in das Gesamtschulsystem gestellt und in den Jahren 1970 – 1975 gab es zahlreiche theoretische Auseinandersetzungen, aber auch erste Ansätze sonderpädagogischer Förderung im Rahmen von Gesamtschulen zur Verhinderung von Sonderschulbedürftigkeit.[53]

1973 gab die BILDUNGSKOMMISSION DES DEUTSCHEN BILDUNGSRATES ihre Empfehlung 'Zur pädagogischen Förderung behinderter und von Behinderung bedrohter Kinder und Jugendlicher'[54] heraus, das erste offizielle Dokument welches in der Bundesrepublik Deutschland die gemeinsame Beschulung von Menschen mit und ohne Beeinträchtigung im allgemeinen Schulwesen empfahl.[55]

Die vom Bildungsrat geführte Argumentationsweise war eine zutiefst politische: "Die Begründung der neuen Konzeption ist für die Bildungskommission vor allem darin gegeben, dass die Integration Behinderter in die Gesellschaft eine vordringliche Aufgabe jedes demokratischen Staates ist."[56] Eingeleitet wurde die Veröffentlichung mit den bekannten Sätzen:

"Für die Empfehlung musste die Bildungskommission davon ausgehen, dass behinderte Kinder und Jugendliche bisher in eigens für sie eingerichteten Schulen unterrichtet wurden, weil die Auffassung vorherrschte, dass ihnen mit besonderen Maßnahmen in abgeschirmten Einrichtungen am besten geholfen werden könne. Die Bildungskommission folgt dieser Auffassung nicht ... denn eine schulische Aussonderung der Behinderten bringt die Gefahr ihrer Desintegration im Erwachsenenleben mit sich...".[57]

---

[53] Diese Maßnahmen bezogen sich überwiegend auf verhaltensauffällige Schüler. Vgl. EBERWEIN (4erg. 1997): 63.

[54] Vgl. DEUTSCHER BILDUNGSRAT (1974): *Zur pädagogischen Förderung behinderter und von Behinderung bedrohter Kinder und Jugendlicher.* Stuttgart.

[55] Vgl. MUTH, J. (4erg. 1997): "Zur bildungspolitischen Dimension der Integration." In: EBERWEIN, H. (Hg.): *Handbuch der Integrationspädagogik.* Weinheim, Basel: 20.

[56] DEUTSCHER BILDUNGSRAT (1974): 16.

[57] Ebenda: 15f.

Als eine der wichtigsten Aussagen von 1973 kann noch heute die Forderung des Bildungsrates nach einer Individualisierung und Differenzierung des Unterrichts angesehen werden.[58]

2.5.2 Die zweite Phase der Integrationsdiskussion

Die zweite Phase der Diskussion ging bis 1982. Sie war durch eine Verlagerung der Integrationsforderung und Integrationserwartung von der Gesamtschule auf die Grundschule gekennzeichnet. Praktiziert wurde eine Kooperation von Grund- und Sonderschulen, eine Teilintegration von Behinderten in Grundschulen, die Einrichtung von integrativen Klassen in denselben und eine Integration Körperbehinderter und Sehbehinderter in allgemeine Schulen in Form von Schulversuchen.[59]

Angeregt und durchgesetzt wurden diese fast immer von betroffenen Eltern[60] und noch heute ist die Integrationsbewegung am stärksten im Primarbereich verankert.[61]

2.5.3 Die dritte Phase der Integrationsdiskussion

Die dritte Phase der integrativen Bestrebungen begann 1982 und hängt mit einer erneuten qualitativen Veränderung – hin zu einem Konzept der wohnortnahen Integrationsschule – zusammen.[62] Mit dem Schuljahr 1982/83 wurden an der Uckermark-Grundschule in Berlin in einem Schulversuch in allen neu einzurichtenden Klassen durchschnittlich 2 Kinder mit einem besonderen

---

[58] Vgl. EBERWEIN, H.: "Ein Rückblick nach 25 Jahren Integrationsentwicklung – Die Empfehlungen des Deutschen Bildungsrates 'Zur pädagogischen Förderung behinderter und von Behinderung bedrohter Kinder und Jugendlicher' von 1973." Online im Internet: http://bidok.uibk.ac.at/texte/gl2-98-bildungsrat.html#top (Datum des Abrufs: 19.07.2001).

[59] Vgl. EBERWEIN ([4erg.]1997): 64.

[60] So z.B. an der Fläming-Grundschule in Berlin, welche ab dem Schuljahr 1977/78 als erste Schule der Bundesrepublik eine 1. Klasse mit 'abweichender Organisationsform' geführt hat. Vgl. HÖHN, K. (1990): "Integration in den Bundesländern." In: DEPPE-WOLFINGER, H./PRENGEL, A./REISER, H. (Hg.): Integrative Pädagogik in der Grun dschule. München: 51.

[61] Vgl. EBERWEIN ([4erg.]1997): 64.

[62] Vgl. ebenda: 65.

Förderbedarf aufgenommen.[63] Im Gegensatz zu anderen bisherigen Bemühungen, ging der Impuls an der Uckermark-Grundschule nicht von betroffenen Eltern aus, sondern von Pädagoginnen, Wissenschaftlerinnen und Lehrerinnen, worin mit den Worten EBERWEINS ein "vorläufiges konzeptionelles
Endstadium eines mehr als 15 Jahre dauernden Integrationsprozesses"[64] zu
sehen ist. Nach dem Uckermark-Modell arbeiten zwischenzeitlich weitere Integrationsschulen.[65]

2.5.4 Gegenwärtiger Stand der Integrationsbemühungen

Die Bundesrepublik Deutschland gilt – im europäischen Vergleich – als integ-
rationspädagogisches Entwicklungsland.[66] Integration war und ist ein dennoch bildungspolitisch heiß diskutiertes Thema und in einigen Bundesländern
wurde hieraus seit 1990 die Konsequenz der integrativen Beschulung als Regelfall gezogen.[67] Seit November des Jahres 1994 trägt Artikel 3 des Grund-
gesetzes den Zusatz "Niemand darf wegen seiner Behinderung benachteiligt
werden"[68]. Die Einrichtung von integrativen Grundschulen in den einzelnen
Bundesländern ist dessen ungeachtet unterschiedlich weit fortgeschritten und
es gibt ein deutliches Nord-Süd und West-Ost-Gefälle.[69]

In Berlin wurde z.B. 1990 das Schulgesetz dahingehend geändert, dass der
Unterrichts- und Erziehungsauftrag der allgemeinen (Grund- und Ober-
)Schule seitdem auch für Schüler mit Beeinträchtigung gilt. Durch eine erneu-

---

[63] Seit dem Schuljahr 1987/88 ist die gesamte Schule Integrationsschule und war damit
die erste ihrer Art in der Bundesrepublik. Vgl. HÖHN (1990): 58.

[64] EBERWEIN ([4erg.]1997): 65.

[65] Vgl. ebenda: 65.

[66] Vgl. Wisch, F.-H. (1990a): "Zur erziehungswissenschaftlichen Integrationsdebatte aus
der Sicht der Gehörlosenpädagogik." In: Das Zeichen. Heft 11: 39.

[67] So z.B. in Schleswig-Holstein, dem Saarland, in Berlin, in Hessen und in Brandenburg.
Vgl. PREUSS-LAUSITZ, U. ([4erg.]1997): "Zur Verwirklichung flächendeckender Nichtaussonderung im Vorschul- und Schulbereich – Perspektiven integrativer Erziehung in den
90er Jahren." In: EBERWEIN, H. (Hg.): Handbuch der Integrationspädagogik. Weinheim,
Basel: 393.

[68] BUNDESZENTRALE FÜR POLITISCHE BILDUNG (Hg.) (1999): Grundgesetz für die
Bundesrepublik Deutschland – Textausgabe. Bonn: 13.

[69] Vgl. EBERWEIN ([4erg.]1997): 66.

te Schulgesetzänderung 1996 umfasst dieser Auftrag nun auch Schüler mit einer geistigen und schweren Mehrfachbeeinträchtigung.

Eine für die Praxis gravierende Einschränkung gibt es gleichwohl: Die Beschulung von Schülern mit einem sonderpädagogischem Förderbedarf in der Regelschule steht unter einem Finanzierungsvorbehalt.[70] Diese Einschränkung besteht auch noch nach der derzeit gültigen 'Verordnung über die sonderpädagogische Förderung' vom 13. Juli 2000. Dort heißt es im §35 Absatz 3 wörtlich: "Liegen für einen Förderschwerpunkt mehr Anmeldungen vor als Integrationsplätze an der allgemeinen Schule vorhanden sind, entscheidet nach vorrangiger Berücksichtigung von Härtefällen das Los."[71]

In ca. 60% aller Berliner Grundschulklassen lernen Kinder mit und ohne Beeinträchtigung gemeinsam.[72] Dennoch wird zur Zeit nur etwa ein Drittel aller Kinder mit Beeinträchtigung im Grundschulalter in Berlin integrativ beschult und in der Oberschule sind es lediglich ca. 9%.[73]

---

[70] Vgl. BERLINER INSTITUT FÜR LEHRERFORT- UND WEITERBILDUNG UND SCHULENTWICKLUNG (Hg.) (1999): *Gemeinsame Erziehung und sonderpädagogische Förderung in der Berliner Schule.* Berlin: 19. Nach bisherigen Erfahrungen in den einzelnen Bundesländern präferieren nur ca. 50% der Eltern bei freier Wahl für ihr Kind mit einer Beeinträchtigung den Besuch einer entsprechenden Sonderschule und nach EBERWEIN stellt das Elternwahlrecht unter Finanzierungsvorbehalt eine Farce dar, da es nicht einklagbar ist. Der angestrebte Regelschulbesuch kann von der Schulbehörde jederzeit mit dem Hinweis auf fehlende personelle und materielle Ressourcen zurück gewiesen werden. Vgl. EBERWEIN ([4erg.] 1997): 65.

[71] BERLINER BEAUFTRAGTER FÜR DATENSCHUTZ UND AKTENEINSICHT: "Verordnung über die sonderpädagogische Förderung (VO Sonderpädagogik) vom 13. Juli 2000." Online im Internet: http://www.datenschutz-berlin.de/recht/bln/rv/bildung/sonderpaed.htm (Datum des Abrufs: 19.07.2001).

[72] Vgl. MEIßNER, K. (1998): "Statt eines Vorwortes: Gedanken zur gemeinsamen Erziehung." In: KNAUER, S./MEIßNER, K./ROSS, D. (Hg.): *25 Jahre gemeinsames Lernen. Beiträge zur Überwindung der Sonderpädagogik.* Berlin: 13.

[73] Vgl. BERLINER INSTITUT FÜR LEHRERFORT- UND WEITERBILDUNG UND SCHULENTWICKLUNG (1999): 1.

Die in der Vergangenheit durchgeführten Kürzungen im Etat des Bildungsbereiches werden die Rahmenbedingungen für eine erfolgreiche schulische Integration zukünftig nicht verbessern.[74]

2.6 Die Kontroverse um den Begriff der 'Behinderung'

Es gibt keinen einheitlichen, allgemein anerkannten Begriff der 'Behinderung'.[75] Für die Begriffskontroverse bedeutsam wurde jedoch die 1980 von der WHO eingeführte begriffliche Unterscheidung zwischen 'impairment'[76], 'disability'[77] und 'handicap'[78].[79] Zwei Definitionsansätze werden zumeist unterschieden.

2.6.1 Der medizinisch orientierte Ansatz

Auf der einen Seite der medizinisch orientierte Definitionsansatz, bei dem eine Behinderung aufgrund individueller Faktoren des jeweiligen Individuums bestimmt wird. Im Blickpunkt stehen körperliche und/oder geistige Defizite des Einzelnen. Außerindividuelle Faktoren finden keine Beachtung.[80]

2.6.2 Der ökosystemische Ansatz

Auf der anderen Seite steht der erziehungswissenschaftlich ausgerichtete ökosystemische Definitionsansatz. Behinderung wird hier im Zusammenhang

---

[74] Vgl. MEIßNER (1998): 11.

[75] Vgl. SANDER, A. ([4erg.] 1997): "Behinderungsbegriffe und ihre Konsequenzen für die Integration." In: EBERWEIN, H. (Hg.): *Handbuch Integrationspädagogik*. Weinheim, Basel: 99.

[76] "Schädigung: Jeder Verlust oder jede Anomalie einer psychologischen, physiologischen oder anatomischen Struktur oder Funktion." BUNDESMINISTER FÜR ARBEIT UND SOZIALORDNUNG (Hg.) (1983): *Weltaktionsprogramm für Behinderte (Jahrzehnt der Behinderten der Vereinten Nationen 1983-1992)*. Bonn: 4.

[77] "Beeinträchtigung: Jede (auf eine Schädigung zurückgehende) Einschränkung der Fähigkeit oder die Unfähigkeit, eine Tätigkeit so und im Rahmen dessen auszuüben, was für einen Menschen als normal gilt...". Ebenda: 4.

[78] "Behinderung: Eine auf eine Schädigung oder Leistungsminderung zurückgehende Benachteiligung, die einen bestimmten Menschen teilweise oder ganz daran hindert, eine Rolle auszufüllen, die für ihn nach Alter, Geschlecht und soziokulturellen Faktoren normal wäre...". Ebenda: 4.

[79] Vgl. HOLLWEG (1999): 15.

[80] Vgl. ebenda: 15.

mit außerindividuellen Faktoren gesehen. Kind, Familie, Schule und Gesellschaft werden als ein komplexes, in wechselseitiger Abhängigkeit stehendes System betrachtet.[81]

In Anlehnung an die Begriffsklärung der WHO lässt sich demnach sagen, dass eine Behinderung vorliegt "...wenn ein Mensch auf Grund seiner Schädigung oder Leistungsminderung[82] ungenügend in sein vielschichtiges Mensch-Umfeld-System integriert ist."[83]

Behinderung entsteht durch die fehlgeschlagene Interaktion mit anderen. Ein Individuum an sich kann also nicht behindert sein, es wird durch gesellschaftliche Normen, Wertsetzungen und Zuschreibungsprozesse behindert gemacht.[84]

Und auch ein Schüler ist nur behindert in Relation zu bestimmten Lernarrangements, Erwartungshaltungen und Beurteilungsmaßstäben der Institution Schule und den dort tätigen Lehrerinnen.[85] "Je stärker sich eine Gesellschaft als Leistungsgesellschaft geriert, umso mehr Menschen können den allgemeinen Anforderungen nicht entsprechen und gelten folglich im weiteren Sinne als 'behindert'..."[86].

Obgleich eine Etikettierung als 'behindert' oder 'Behinderter'[87] der pädagogischen Absicht und Arbeit zuwider läuft, kann auf eine solche noch immer nicht verzichtet werden, da erst sie die Rechtsgrundlage dafür schafft, dass

---

[81] Vgl. ebenda: 15. Vgl. ebenso MÜLLER (²1996): 55.

[82] Den Begriff der 'Leistungsminderung' verwendet Sander im Austausch zu dem Begriff der 'Beeinträchtigung'. Vgl. SANDER (⁴ᵉʳᵍ·1997): 103.

[83] Ebenda: 105.

[84] So kann sich beispielsweise eine Hörschädigung – insbesondere als Folge sozialer Isolation – zu einer schwerwiegenden Behinderung ausweiten. Vgl. HOLLWEG (1999): 16.

[85] Vgl. EBERWEIN (⁴ᵉʳᵍ·1997): 62.

[86] SUSTECK (1997): 9.

[87] Bzw. die Formulierungen 'Gutachtenkinder', 'Kinder mit besonderem Förderbedarf' u.ä.. Vgl. REISER, H.: "Ergebnisse der Untersuchung." In: DEPPE-WOLFINGER, H./PRENGEL, A./REISER, H. (1990): Integrative Pädagogik in der Grundschule. München: 270.

zusätzliche Mittel in Form von pädagogischer Unterstützung und/oder Sach-mitteln bereitgestellt werden.[88]

Wo Integration praktiziert wird, müssen alte Begriffe überprüft werden, um ei-nen neueren und demokratisch-humaneren Sprachgebrauch zu ermögli-chen.[89] In den meisten Ländern wird heutzutage nicht mehr von *dem* Behin-derten gesprochen, allenfalls noch von Personen mit *einer* Behinderung, wel-che dann im weiteren näher beschrieben werden muss. Anzutreffen sind Formulierungen wie 'Kinder mit besonderen pädagogischen Bedürfnissen'[90], 'Gutachten-Kinder'[91], oder aber 'Kinder mit spezifischen Bedürfnissen'[92]. In den Schulgesetzen der Bundesrepublik Deutschland lässt sich die Formulie-rung 'Kinder mit sonderpädagogischem Förderbedarf' finden.[93]

---

[88] Vgl. ebenda: 270f. Reiser spricht an anderer Stelle von der Etikettierung als Behinderter als einem privilegierenden Akt. Vgl. REISER, H.: "Überlegungen zur Bedeutung des Integ-rationsgedankens für die Zukunft der Sonderpädagogik." In: DEPPE-WOLFINGER, H./PRENGEL, A./REISER, H. (1990): *Integrative Pädagogik in der Grundschule.* München: 296. Die Notwendigkeit, den Begriff 'behindert' als Abgrenzungsbegriff zu 'nicht behindert' zu verwenden ist nach Reiser u.a. auch darin zu suchen, dass die Voraussetzung einer Akzeptanz des Kindes mit Beeinträchtigungen seitens der betroffenen Eltern bzw. der Leh-rerin häufig darin begründet liegt, dass sie erst durch eine Benennung in die Lage für eine psychische Verarbeitung dieser Tatsache versetzt werden. Ohne das Etikett 'behindert' wird mitunter auch die Einsicht und Verarbeitung behindert. Vgl. REISER (1990): 271f.

[89] Vgl. SCHÖLER ([4erg.]1997): 108.

[90] So z.B. in Großbritannien, den USA und Dänemark. Vgl. SCHÖLER (1989): 78.

[91] So an der Uckermark-Grundschule in Berlin. Vgl. ebenda: 78.

[92] Vgl. EBERWEIN ([4erg.]1997): 66.

[93] Vgl. hierfür z.B. die Schulgesetze, Verordnungen und Erlasse in Berlin, Brandenburg, Bremen, Hamburg, Hessen, Niedersachsen, Schleswig-Holstein und dem Saarland. Vgl. SCHÖLER ([4erg.]1997): 110.

3. Veränderte Organisationsformen für einen integrativen Unterricht

Wichtigste Grundvoraussetzung für das Gelingen von Integration ist die Bereitschaft aller an ihr Beteiligten, sich auf sie einzulassen, aber auch genaue Kenntnisse der gesamten Kind-Umfeld-Bedingungen.[94]

Auf Seite der Schule muss auf ein Wollen von Integration mit einer Veränderung der Organisationsformen auf der einen Seite und mit veränderten Lern- und Lehrsituationen auf der anderen Seite reagiert werden. So wird in Integrationsklassen in der Regel mit reduzierter Klassenfrequenz gearbeitet. Die genaue Zusammensetzung der Klasse (sowohl was die Anzahl der Schüler mit und ohne Beeinträchtigung angeht, aber auch in Hinblick auf eine Versorgung mit Lehrerstunden) ist verschieden. Die Modelle unterscheiden sich weiter auch hinsichtlich des gewählten Schulortes und der Menge an gemeinsamem Unterricht.

Von LÖWE wird das Modell der schulischen Integration durch die Formen der schulischen Segregation[95] und Isolation[96] nach zwei Seiten hin abgegrenzt. Von schulischer Integration darf erst dann gesprochen werden, wenn bei einer gemeinsamen Beschulung von Kindern mit und ohne Beeinträchtigung alle für eine erfolgreiche Teilnahme am Unterricht notwendigen sonderpädagogischen Hilfen gewährleistet werden. Sowohl die schulische Segregation als

---

[94] SCHÖLER weist z.B. auf den gravierenden Unterschied in der notwendigen (unterrichtlichen) Behandlung eines gehörlosen Kindes hin, welches entweder in einer Familie mit gehörlosen Eltern und Geschwistern lebt und gebärdensprachlich erzogen wurde oder aber eines gehörlosen Kindes, welches rein lautsprachlich erzogen wurde und dessen Eltern die Verwendung von Gebärdensprache massiv ablehnen. Vgl. SCHÖLER (1993): 87.

[95] Unter einer schulischen Segregation versteht er die Unterrichtung von Kindern mit und ohne Beeinträchtigung in räumlich weitestgehend bzw. vollkommen voneinander getrennten Einrichtungen. Vgl. LÖWE, A. (1994): "Die schulische Integration hörgeschädigter Kinder – ein Angebot und eine Herausforderung." In: *Die Sonderschule*. Heft 5: 323f.

[96] Von schulischer Isolation muss gesprochen werden, sofern ein Kind mit einer Beeinträchtigung zwar gemeinsam mit Kindern ohne Beeinträchtigung in einer Regeleinrichtung unterrichtet wird, es jedoch zu keinerlei sonderpädagogischer Förderung und Hilfe kommt. Vgl. ebenda: 324.

auch die schulische Integration stellen keine festen Größen dar.[97] Einen Überblick über die zahlreichen Zwischenformen bietet folgende Tabelle:

---

[97] Vgl. ebenda: 324ff.

Schülertyp:	Volle Integration:	Teilweise Integration:	Teilweise Segregation:	Volle Segregation:
Schüler mit Beeinträchtigung.	1) Besuch von Regelklassen ohne sonderpädagogische Unterstützung.	6) Besuch von Sonderklassen an Regelschulen ohne Teilnahme am Unterricht von Kindern ohne Beeinträchtigung.	10) Besuch von Heimsonderschulen mit Heimkehr am Wochenende.	12) Besuch von Heimsonderschulen ohne regelmäßige Heimkehr.
Schüler mit Beeinträchtigung.	2) Besuch von Regelklassen mit regelmäßiger sonderpädagogischer Unerstützung.	7) Besuch von Sonderklassen an Regelschulen mit Teilnahme am Unterricht von Kindern ohne Beeinträchtigung.	11) Besuch von Tagessonderschulen mit täglicher Heimkehr.	
Schüler mit Beeinträchtigung.	3) Besuch von Regelklassen mit regelmäßigem Nachhilfeunterricht.			
Schüler mit Beeinträchtigung.	4) Besuch von Regelklassen mit regelmäßiger sonderpädagogischer Unterstützung und regelmäßigem Nachhilfeunterricht.			
Schüler ohne Beeinträchtigung.	5) Besuch von Regelklassen an einer Sonderschule mit gemeinsamen Unterricht von Kindern mit und ohne Beeinträchtigung.	8) Besuch von Sonderklassen an einer Sonderschule ohne Teilnahme am Unterricht von Kindern mit Beeinträchtigung.		
Schüler ohne Beeinträchtigung.		9) Besuch von Sonderklassen an einer Sonderschule mit Teilnahme am Unterricht von Kindern mit Beeinträchtigung.		

Tabelle 2: Zwischenformen zwischen voller Integration und voller Segregation bei der Unterrichtung von Kindern mit und ohne Beeinträchtigung.[98]

---

[98] Eigene, um das Modell der präventiven Integration erweiterte Darstellung in Anlehnung an LÖWE (1994): 325f.

Bei den Modellen 5 und 9 handelt es sich um Formen der präventiven bzw. umgekehrten Integration.[99] Diese wird in Sondereinrichtungen praktiziert, die sich für Kinder ohne Beeinträchtigung öffnen. So wird eine gemeinsame Erziehung und Unterrichtung von z.b. Kindern mit und ohne Hörbeeinträchtigung an einer Schule für Hörgeschädigte ermöglicht. Ein ganz wesentlicher Vorteil dieser Integrationsform ist, dass für den Schüler mit einer Hörbeeinträchtigung alle notwendigen spezifischen Hilfen vor Ort zur Verfügung gestellt werden können, die eine Schule für Schwerhörige oder Gehörlose bietet.[100] Unter derart optimalen organisatorischen Bedingungen wird einerseits der schulischen Segregation, aber auch dem Zwang nach Anpassung an die guthörende Norm durch die größere Anzahl von Kindern mit Hörbeeinträchtigung innerhalb der Klasse und der Schule entgegen gewirkt.[101] Die Wahrscheinlichkeit eines kommunikativen Misserfolgs verringert sich[102] und Aussonderungs- und Isolationserlebnisse nehmen ab.[103]

Bei den Modellen 2, 3 und 4 handelt es sich um das Integrationsmodell, bei dem Schüler mit und ohne Beeinträchtigung gemeinsam in einer Regelklasse unter Verwendung sonderpädagogischer Hilfen unterrichtet werden.

---

[99] Innerhalb der präventiven Integration gibt es wiederum drei verschiedene Stufen, auf die hier jedoch nicht weiter eingegangen werden kann. Vgl. BREINER, H.L. (1993): "Die zwei Wege der Integration Gehörloser und Schwerhöriger." In: *Hörgeschädigtenpädagogik*. Heft 2: 107.

[100] Gedacht ist hier an das Beibehalten einer verringerten Klassenfrequenz, eine optimale Raumakustik, eine günstige Sitzordnung und die Versorgung mit technischen Hilfsmitteln. Vgl. CLAUßEN, H.W. (1992): "Integration! (...oder lieber nicht?)" Teil II. In: *hörgeschädigte kinder*. Heft 1: 47.

[101] So ist nach BREINER in einer präventiven Integrationsklasse eine dauerhafte Zusammenführung von jeweils 5-6 Kinder ohne Hörbeeinträchtigung und 5-6 Kindern mit einer Hörbeeinträchtigung wesentliche Voraussetzung. Vgl. BREINER (1993): 107.

[102] Vgl. ebenda: 107.

[103] Vgl. BREINER, H.L. (1996): "Der Lautsprach-Mediator/die Lautsprach-Mediatorin in drei Lebensphasen – Konzepte der präventiven Integration." In: *Hörgeschädigtenpädagogik*. Heft 4: 245.

3.1 Die 3 häufigsten Formen der schulischen Integration

Innerhalb der letzten Jahre haben sich in der Bundesrepublik Deutschland 3 besonders häufig praktizierte Formen der schulischen Organisation für eine gemeinsame Erziehung und Unterrichtung von Kindern mit und ohne Beeinträchtigung entwickelt.[104] Diese sind:

- Das Modell '10+5': Klassen, in denen max. 5 Kinder mit einer Beeinträchtigung sind.[105] In dieser Organisationsform sind während des Unterrichts ständig zwei Pädagogen anwesend.[106]

- Das Modell '18+2': Klassen, in denen 2 Kinder mit einer Beeinträchtigung sind.[107] Bei dieser Organisationsform befindet sich nur zeitweise ein zusätzlicher Pädagoge mit in der Klasse.[108]

- Die Einzelintegration: Nach Art und Schwere der Beeinträchtigung kommen eine unterschiedlich große Anzahl zusätzlicher Stunden für Sonderpädagogen, Regelpädagogen oder Einzelfallhelfer hinzu.[109] Die Klassenfrequenz wird nicht (oder nur unwesentlich) gesenkt.[110]

Für eine flächendeckende Integration bietet sich nach PREUSS-LAUSITZ das bislang am häufigsten praktizierte 'Uckermark-Modell' (18+2) an, da dieses

---

[104] Vgl. PREUSS-LAUSITZ (4erg.1997): 397. Des weiteren vgl. PREUSS-LAUSITZ, U. (1989): "Behinderte Kinder in Integrationsschulen der Bundesrepublik Deutschland: Ergebnisse der Wissenschaftlichen Begleitungen." In: SCHÖLER, J. (Hg.): *Ansätze zur Integration behinderter Kinder und Jugendlicher in den Ländern der Europäischen Gemeinschaft.* Berlin: 112f.

[105] Das sog. 'Fläming-Modell'. Vgl. PROJEKTGRUPPE INTEGRATIONSVERSUCH (Hg.) (1988): *Das Fläming-Modell. Gemeinsamer Unterricht für behinderte und nichtbehinderte Kinder an der Grundschule.* Weinheim. Sowie PREUSS-LAUSITZ (4erg.1997): 397.

[106] Vgl. ebenda: 397.

[107] Das sog. 'Uckermark-Modell'. Vgl. HEYER, P./PREUSS-LAUSITZ, U./ZIELKE, G. (1990): *Wohnortnahe Integration. Gemeinsame Erziehung behinderter und nichtbehinderter Kinder in der Uckermark-Grundschule in Berlin.* Weinheim.

[108] Vgl. PREUSS-LAUSITZ (4erg.1997): 397.

[109] So können z.B. für jedes Kind mit einer Beeinträchtigung 5,5 zusätzliche Lehrerstunden beantragt werden, für blinde oder gehörlose Kinder 7. Vgl. BERLINER INSTITUT FÜR LEHRERFORT- UND WEITERBILDUNG UND SCHULENTWICKLUNG (1999): 4.

[110] Vgl. PREUSS-LAUSITZ (4erg.1997): 397.

näherungsweise einer 'normalen' Häufung von pädagogisch relevanten Problemen entspricht.[111] Speziell bei Kindern mit einer Hörbeeinträchtigung wird im Falle einer schulischen Integration in der Regel jedoch noch immer auf das Modell der Einzelintegration zurückgegriffen.

"Eine Vielzahl dieser Kinder erfährt dabei keine sonderpädagogische oder hörgeschädigtenspezifische Unterstützung. Der Auf- und Ausbau eines entsprechenden Begleitsystems ... erfolgt schrittweise, jedoch noch zu langsam ... Gegenwärtig werden vorzugsweise schwerhörige Kinder und Jugendliche sowie Kinder, die frühzeitig mit einem Cochlea-Implantat [sic!] versorgt wurden, in dieser Integrationsform beschult."[112]

3.2 Veränderte Lern- und Lehrbedingungen

In einer herkömmlichen Schule bedeutet das Postulat der Gleichheit, dass allen Schülern mit Hilfe eines normierten Curriculums die gleiche Leistung zur gleichen Zeit abverlangt wird. Hierdurch erfolgt eine Differenzierung der Schüler: Unterschiedliche Leistungsfähigkeit wird mit verschiedenen Noten und Schulabschlüssen sanktioniert[113] und die Grundschule erhält die Möglichkeit, zwei (mehr oder weniger offen) an sie gestellte Forderungen zu erfüllen: Die Grundschule ist - nach MEIER/HEYER - zum einen eine Vorschule zur Vorbereitung der Kinder auf das folgende 'höhere' Schulwesen. Und sie ist eine Schule der Auslese.[114]

Anders hingegen in integrativen Klassen: Lernformen, Lerntempo und Lerninhalte differieren. Gleichheit wird hergestellt durch den Abbau von Konkurrenz – denn Chancengleichheit bedeutet, nicht allen das Gleiche, sondern jedem individuelle Möglichkeiten zu bieten.[115] Die Achtung und Förderung der Individuali-

---

[111] Vgl. ebenda: 398.

[112] LEONHARDT (1999): 106f.

[113] Vgl. DEPPE-WOLFINGER (1990): 318f.

[114] Vgl. MEIER/HEYER ([4erg.]1997): 227. Aus diesem Grund fällt der größte Anteil der 'Sitzenbleiber' in die ersten beiden Grundschuljahre und mehr als 90% der Sonderschulüberweisungen erfolgen während der Grundschulzeit. Vgl. EBERWEIN ([4erg.]1997): 64.

[115] Vgl. BERLINER INSTITUT FÜR LEHRERFORT- UND WEITERBILDUNG UND SCHULENTWICKLUNG (1999): 9.

tät jedes einzelnen Kindes steht im Zentrum der pädagogischen Arbeit.[116] Wesentliche Voraussetzung für einen gemeinsamen Lernprozess verschiedenartiger Kinder ist die Akzeptanz des Anderen, des Andersseins, der unterschiedlichen Fähigkeiten und Begrenzungen.[117]

Neben dem Anerkennen der unterschiedlichen Bedürfnisse und Möglichkeiten der einzelnen Kinder muss allerdings auch dem Recht der Kinder auf Gemeinsamkeit entsprochen werden. "Damit unterscheidet sich die integrative von anderen Schulen eigentlich nur dadurch, dass sie die Realität anerkennt und auf Grund dieser ein Konzept entwickelt."[118]

3.2.1 Individualisierung des Unterrichts durch Binnendifferenzierung

Keine Didaktik kann für sich allein genommen den oben genannten zahlreichen Zielen zuarbeiten und der gewollten und bejahten Vielfalt der Kinder einer Integrationsklasse gerecht werden. Die Didaktik in integrativen Klassen zeichnet sich deshalb durch ein Lernarrangement aus, welches vor allem durch eine größere Handlungsorientierung und Unterrichtsformen des Offenen bzw. Lehrgangsorientierten Unterrichts, der Freiarbeit und des Projektunterrichts gebildet wird. Auch das Aufsuchen außerschulischer Lernorte, das Schaffen von (auch nachmittäglichen) Arbeitsgemeinschaften und spezifische unterstützende Angebote (für Kinder mit entsprechenden Bedürfnissen bzw. mit Beeinträchtigungen) sind weitere wichtige Bestandteile integrativen Unterrichts.[119] Im Zentrum derartiger Lernarrangements steht immer die Individualisierung des Unterrichts, welche wiederum der inneren Differenzierung bedarf.[120]

---

[116] Vgl. KREIE, G. (1989): "Die veränderte Rolle der LehrerInnen in integrativen Klassen." In: *DIE GRUNDSCHULZEITSCHRIFT.* Heft 27: 17.

[117] Vgl. DEPPE-WOLFINGER (1990): 318f. Vgl. KREIE (1989): 17.

[118] SCHNELL, I. (1997): "Das Ganze ist mehr als die Summe seiner Teile. Lehrerbildung für eine integrative Schule." In: *Grundschule.* Heft 2: 30.

[119] Vgl. BERLINER INSTITUT FÜR LEHRERFORT- UND WEITERBILDUNG UND SCHULENTWICKLUNG (1999): 9.

[120] Vgl. DEPPE-WOLFINGER (1990): 319. Notwendige räumliche Voraussetzung für eine innere Differenzierung ist das Vorhandensein verschiedener Materialien und Arbeitsecken im Klassenzimmer. Vgl. EBERWEIN ([4erg.]1997): 63.

3.2.2 Zieldifferentes Lernen als pädagogisches Kernstück integrativen Unterrichts

Für ein zielerreichendes Lernen brauchen Schüler unterschiedlich viel Zeit.[121] Die an die Schule gestellte Forderung, dass alle Schüler die gleichen Ziele innerhalb der gleichen Zeit erreichen sollen, ist somit unrealistisch. Und auch der Versuch der Schule, lerntempogleiche Gruppen herzustellen, kann aus diesem Grund nur näherungsweise gelingen.

Ein gemeinsames Lernen ist jedoch auch dann möglich, wenn nicht alle Kinder zur gleichen Zeit am gleichen Lerngegenstand arbeiten.[122] Wo integriert wird, folgen die Klassen aus diesem Grund in der Regel dem sog. 'lernzieldifferenzierten Unterricht'. Jedes einzelne Kind wird hierbei zu seinen ganz eigenen Zielen geführt, die ihm von seinem Lernvermögen her erreichbar sind. Diese Ziele stehen nicht im Vornherein fest, sondern werden in den Prozessen des Lernens immer wieder neu ermittelt.[123]

3.2.3 Differenzierung nach unterschiedlicher Leistung und Leistungsbewertung

Permanenter Schulstress macht krank und zerstört den Leistungswillen.[124] Ein System starrer Ziffernzensuren und eine Verpflichtung zur Wiederholung einer Klasse sind mit dem Prinzip eines gemeinsamen integrativen Unterrichts nicht zu vereinbaren.[125] Aus diesem Grund herrscht in integrativen Klassen das Prinzip einer an dem eigenen Lernfortschritt mit sich selbst beruhenden verbalen Beurteilung der Schüler. Der Vergleich mit den Mitschülern ist von sekundärer Natur. Die verbalen Berichte enthalten sowohl Aussa-

---

[121] Vgl. SEELIG, G.F. (4erg. 1997): "Erziehungspsychologische Überlegungen zu Aussonderung und Integration von Schülern." In: EBERWEIN, H. (Hg.): *Handbuch Integrationspädagogik*. Weinheim, Basel: 89.

[122] Vgl. EBERWEIN (4erg. 1997): 61.

[123] Vgl. MUTH, J. (1989): "Integration von Behinderten: Fragen und Antworten." In: *DIE GRUNDSCHULZEITSCHRIFT*. Heft 27: 33.

[124] Vgl. IBEN, G. (4erg. 1997): "Das Versagen der allgemeinen Schule gegenüber Behinderten und Benachteiligten." In: EBERWEIN, H. (Hg.): *Handbuch Integrationspädagogik*. Weinheim, Basel: 162.

[125] Vgl. SCHÖLER (1989): 82.

gen über die individuelle Lernentwicklung als auch über das Verhältnis der erbrachten Leistung zu den Anforderungen der Lehrpläne.[126]

Spätestens Ende der 4. Klasse setzt jedoch eine Benotung mit Ziffernzensuren ein. Schüler mit einer Beeinträchtigung, die in einzelnen Fächern nicht nach den jeweiligen Rahmenplananforderungen der allgemeinen Schule beurteilt werden können, erhalten entweder weiterhin verbale Beurteilungen (auf Wunsch der Eltern) oder sog. Sternchennoten. In einem Zeugniskommentar wird darauf hingewiesen, dass diese Noten nicht den Rahmenplananforderungen der allgemeinen Schulen entsprechen, sondern sich entweder an den individuellen Lernfortschritten oder an den Rahmenplänen der entsprechenden Sonderschule orientieren.[127]

3.3 Die veränderte Lehrerrolle in Integrationsklassen

Es ist für Lehrerinnen an einer Regelschule noch immer keine Selbstverständlichkeit, dass in ihrem Unterricht auch Kinder mit einer Beeinträchtigung sein können. Häufig löst der erste unterrichtliche Kontakt denn auch Ängste aus, über die in den wenigsten Fällen gesprochen werden. Denn sofern nicht zufällig ein Mensch mit einer Beeinträchtigung in ihrer Familie lebte, hatten auch die Lehrerinnen bislang keine Gelegenheit, diesem Personenkreis täglich zu begegnen und dadurch den Umgang mit ihm zu lernen. "Oft genug setzen sie deshalb diese Menschen herab, fürchten oder ekeln sich vor ihnen, meiden den Kontakt aus Angst, etwas falsch zu machen...".[128] Häufig werden familiäre Belastungen oder Kompetenzmängel vorgeschoben, um tiefer liegende Gefühle der Angst, Ablehnung oder des Ekels vor dem Fremden nicht eingestehen zu müssen.[129]

So ist es denn nicht verwunderlich, dass gerade die Lehrerinnen, die im privaten Bereich bereits Erfahrungen im Umgang mit Menschen mit einer Beeinträchtigung gesammelt haben, sich am ehesten bereit erklären, ein entsprechendes

---

[126] Vgl. EBERWEIN (⁴ᵉʳᵍ 1997): 61.

[127] Vgl. SCHÖLER (1993): 16.

[128] SUSTECK (1997): 9.

[129] Vgl. MARSOLEK, TH./ZIELKE, G. (1997): "Mein Kind ist nicht geistig behindert, sondern nur etwas langsam." In: *Grundschule*. Heft 2: 26.

Kind in ihre Klasse aufzunehmen. Sie haben häufig die persönliche Auseinandersetzung bereits mit Erfolg gemeistert und sind offen(er) für die Begegnung und die ehrliche Annahme des Kindes und den sich hieraus notwendigerweise ergebenden Veränderungen ihres Unterrichtsstils und ihrer Lehrerrolle. Die Begegnung mit dem Kind kann so als Chance für sich selbst begriffen werden: "...als Gelegenheit, die eigenen Ängste vor Krankheit, Behinderung, vor Alter und Tod zu bearbeiten."[130] Und als eine Möglichkeit, persönlich an und mit einer derartigen Situation zu wachsen.

Die Entscheidung, ein Kind mit einer Beeinträchtigung in die Klasse aufzunehmen und sich an einer integrativen Erziehung zu beteiligen, impliziert die Bereitschaft, zumindest einen Teil der Unterrichtszeit gemeinsam mit einem anderen Erwachsenen im Klassenzimmer zu kooperieren.[131] Hierdurch entsteht eine neue Form der Interaktion und Kooperation mit anderen, die unweigerlich zu einer täglichen sozialen Kontrolle über alle Formen des Unterrichtens und Kommunizierens zwischen den Kindern und der Klassenlehrerin führt.[132] Für die schulische Landschaft der Bundesrepublik ist Kooperation jedoch noch immer nicht alltäglich. Im Gegenteil: Es gilt in der Regel das Prinzip der Lehrerinnen als Einzelkämpferinnen und das berufliche Ansehen steigt oder fällt häufig mit der Tatsache, wie gut man mit einer Klasse 'allein fertig wird'. Gerade die Fähigkeit, *ohne* Kooperation auszukommen, macht in vielen Fällen das Leit- und Selbstbild einer erfolgreichen Pädagogin aus.[133] Und manche Lehrerinnen haben denn auch mehr Angst vor dem zweiten Erwachsenen in der Klasse als vor dem Kind mit einer Beeinträchtigung.[134]

Die neue Lehrerrolle bringt ungewohnte Rechtfertigungszwänge mit sich: Alles, was man tut, für richtig oder falsch hält, muss den Kooperationspartnern gegenüber begründet und mit ihnen abgesprochen werden. Die pädagogische Arbeit der Lehrerin wird somit um ein vielfaches öffentlicher.

---

[130] SCHÖLER (1993): 74.
[131] Vgl. ebenda: 79.
[132] Vgl. PREUSS-LAUSITZ (1989): 115.
[133] Vgl. KREIE (1989): 17.
[134] Vgl. SCHÖLER (1993): 79.

Zu einer neuen Professionalität der Lehrerinnen gehört neben einer neuen Öffentlichkeit auch eine neue Offenheit, da sie lernen müssen, ihr eigenes Handeln – aber auch ihr Versagen und ihre z.T. nur eingeschränkte Kompetenz – gegenüber ihren Kolleginnen zu zeigen und auch ihr pädagogisches Gegenüber trotz deren Einschränkungen nicht abzuwerten. So weist z.b. SCHNELL darauf hin, dass gerade in einem integrativen Unterricht unter den veränderten Lehr- und Lernbedingungen persönlichkeitsbildende Maßnahmen wie die Reflexion der eigenen Lerngeschichte oder die kritische Beleuchtung der Motive für die Berufswahl für ein professionelles Handeln mit Selbstkritik, Empathie und Distanz unerlässlich sind.[135] Denn den Kolleginnen ohne Angst (vor Kompetenz- und Gesichtsverlust) und mit Toleranz zu begegnen, bedeutet, sich mit den eigenen Schwächen auszusöhnen und die Individualität des anderen zu achten.[136] Eines der Ziele muss sein, sich und sein Gegenüber in die Lage zu versetzen, u.U. anstehende Konflikte miteinander austragen zu können.[137]

Der Rollen- und Kommunikationsaspekt wird als das wichtigste (und als ein bislang häufig auch ungelöstes) Problem von allen Beteiligten bezeichnet[138] und ist der am häufigsten genannte Grund für ein Aussteigen von Pädagoginnen aus der Arbeit in einer Integrationsklasse.[139] Psychologische Fortbildung und Team-Supervision, aber auch ein kennen lernen oder selber Aussuchen der zukünftigen Kollegin, ein Abstecken gemeinsamer Zielvorstellungen und das Absprechen einer klaren Arbeitsteilung vor Arbeitsbeginn in einer Integrationsklasse, sowie die gemeinsame Teilnahme an Fortbildungsveranstaltungen könnten mögliche Lösungswege heraus aus dieser Problematik sein.[140] Denn:

---

[135] Vgl. SCHNELL (1997): 31.

[136] Vgl. KREIE (1989): 18. Vgl. MÜLLER (1988): 42.

[137] SCHÖLER hat mit Recht darauf hingewiesen, dass Kinder Vorbilder für eine respektvolle Streitkultur und andere Menschen achtende Formen des Findens gemeinsamer Regeln benötigen, die sie häufig zu Hause so nicht mehr bekommen. Auch hierauf bezieht sich die Vorbildfunktion durch die Pädagoginnen. Vgl. SCHÖLER (1993): 86.

[138] Vgl. PREUSS-LAUSITZ (1989): 116.

[139] Vgl. BOBAN, I./HINZ, A./WOCKEN, H. (1988): "Warum Pädagogen aus der Arbeit in Integrationsklassen aussteigen." In: WOCKEN, H./ANTOR, G./HINZ, A. (Hg.): Integrationsklassen in Hamburger Grundschulen. Bilanz eines Modellversuchs. Hamburg: 275-331.

[140] Vgl. BERLINER INSTITUT FÜR LEHRERFORT- UND WEITERBILDUNG UND SCHULENTWICKLUNG (1999): 12.

"Der moderne Lehrer ... muss kooperativ und demokratisch sein, offen für unterschiedliche Situationsbestimmungen durch Schüler wie durch andere Erwachsene, mit einer unabhängigen emotionalen Identität und einer professionellen Haltung zu den unterschiedlichen Bedürfnissen, Fähigkeiten, Interessen und Kulturen der Schülerinnen und Schüler."[141]

Auch wenn die Arbeit im Team in der Praxis Konflikte mit sich bringen kann, bietet eine gelingende Kooperation auch ganz wesentliche Vorteile für die Pädagoginnen: Sie wirken nicht mehr als Einzelkämpferinnen, sondern erleben die Verantwortungsteilung als enorme Entlastung und können sich zeitweilig in Ruhe einem Einzelkind oder einer kleinen Gruppe zuwenden.[142] Außerdem bringt Kooperation Entlastung bei der Herstellung und Bereitstellung der zahlreichen Unterrichtsmaterialien, die in einem integrativen Unterricht zwingend notwendig sind.[143] Der zweite Erwachsene wird denn auch häufig nach einer kurzen Einarbeitungszeit als Bereicherung erlebt:

"Vier Augen sehen mehr als zwei. Zwei Köpfe haben mehr Ideen als einer. So macht mir die Unterrichtsplanung zu zweit viel mehr Spaß als allein. Klar, manchmal dauert es länger, weil ich mich mit dem anderen über das vorgeschlagene Thema oder die Methode erst auseinandersetzen muss. Aber gleichzeitig beschäftige ich mich viel intensiver mit der Sache, so dass ich sie dann auch besser vermitteln kann."[144]

Aus Berichten der an einem integrativen Unterricht beteiligten Lehrerinnen wird deutlich, dass sie insgesamt mit ihrer beruflichen Situation zufriedener sind als Lehrerinnen in Regelklassen.[145] Diese berufliche Befriedigung geht soweit, dass Pädagoginnen, die an der herkömmlichen Unterrichtspraxis resignierten, in integrativen Klassen unter den veränderten Bedingungen von Schule häufig in die Lage versetzt werden, die Lethargie des oft zermürbenden Schulalltags zu über-

---

[141] PREUSS-LAUSITZ (1989): 116.
[142] Vgl. MÜLLER (1988): 42f. Vgl. BERLINER INSTITUT FÜR LEHRERFORT- UND WEITERBILDUNG UND SCHULENTWICKLUNG (1999): 13.
[143] Vgl. SCHÖLER (1993): 89.
[144] Ebenda: 84.
[145] Vgl. SCHÖLER (1993): 86.

winden und Freude am bzw. Erfüllung durch den Beruf, Engagement und Selbst-
vertrauen zurück zu gewinnen.[146]

Auch die Vorteile für die Schüler liegen auf der Hand: Ein Pädagoginnen-
Team ist sehr viel besser in der Lage durch den ständigen Austausch miteinander zu einer differenzierten Sichtweise ihrer Schüler zu gelangen. Und diese differenzierte Sichtweise ist notwendige Voraussetzung für eine individuelle und respektvolle Förderung des Einzelnen.

Deutlich wurde, dass den erwachsenen Menschen im Prozess integrativer Grund-
schularbeit eine wichtige Rolle zukommt; dennoch geht in erster Linie um die
Prozesse der Kinder.[147] Gebraucht wird deshalb nicht mehr eine Lehrerin, die im
Mittelpunkt des Lerngeschehens steht, die alles lenkt, organisiert, bestimmt, alles
in der Hand und unter Kontrolle hat. Benötigt wird vielmehr die Lehrerin, welche
die Entwicklung der Kinder behutsam begleitet, die immer wieder bewusst am
Rand stehen kann, beobachtend, erst bei Bedarf helfend eingreifend.[148] Damit
muss die Lehrerin nicht "...zum bloßen 'Kumpel'..."[149] werden, sondern gewinnt
ihre Autorität mit ihrer fachlichen Kompetenz, mit ihrer Bereitschaft zum echten
Dialog, zu einem sich Einlassen können auf den Einzelnen und mit ihrer Fähigkeit, auch Fehler, Schwächen und eigene Grenzen gegenüber den Schülern
zugeben zu können.[150]

3.4 Hörbeeinträchtigte Schüler, Eltern und Lehrerin: Von der Schwierigkeit, ein Team zu sein.

Der Eintritt eines Kindes in die Schule stellt für alle Beteiligten ein besonderes
Ereignis dar, das in der Regel mit Freude, Hoffnungen, Erwartungen, z.T.
auch mit Befürchtungen und Ängsten verbunden ist.

---

[146] Vgl. EBERWEIN ([4erg.]1997): 61.

[147] Vgl. MEIER/HEYER ([4erg.]1997): 229.

[148] Vgl. HEYER/MEIER (1989): 7.

[149] IBEN ([4erg.]1997): 166.

[150] Das dialogische Prinzip wird dennoch nicht in allen Phasen macht- oder herrschaftsfrei sein,
da sich die Interessen zwischen Schüler und Lehrerin in der Regel nicht in allen Fällen zur De-
ckung bringen lassen. Vgl. ebenda: 166.

Eltern durchlaufen hierbei oft unterbewusst noch einmal ihre eigenen Erfahrungen mit Schule und treten bedingt dadurch der Institution, aber auch der Pädagogin mit unterschiedlichen – positiven oder auch negativen - Vorerfahrungen und Einstellungen gegenüber.[151]

Dennoch stellt sich die Situation für diejenigen Eltern, die eine integrative Beschulung ihres Kindes – vielleicht gegen den Widerstand zahlreicher Experten – durchgesetzt haben, oft verschärft dar. Nach MARSOLEK/ZIELKE steht bei den elterlichen Überlegungen vor allem die Frage, ob "... der Kampf für mein Kind, den ich jetzt schon seit sechs, sieben Jahren führe, fortgesetzt werden..."[152] muss im Vordergrund.

Geht es für eine Pädagogin bei Übernahme einer neuen Klasse (mit Schulanfängern) normalerweise in erster Linie darum, zu 'ihren' Kindern eine Beziehung aufzubauen, sie kennen zu lernen, dort abzuholen, wo sie sich mit ihrem individuellen Entwicklungsstand gerade befinden, und die Gruppe kleiner Individuen zu einer Klassengemeinschaft zu formen, sie anzuleiten und bei Bedarf wohlwollend zu unterstützen, kommen bei der Übernahme einer Integrationsklasse zusätzliche Aufgabenfelder und damit verbunden mitunter auch zusätzliche Schwierigkeiten hinzu.

Entschließt sich eine Lehrerin dazu, sich an einem integrativen Unterricht zu beteiligen, ist es notwendige Voraussetzung, sich immer wieder bewusst zu machen, dass gerade die Entwicklung eines beeinträchtigten Kindes mehr als üblich die gesamte Familiendynamik verändert.[153] Eltern fällt es – auch bedingt durch die häufig fortdauernd halbherzige Unterstützung unserer Gesellschaft - oft schwer, die Besonderheiten ihres Kindes zu akzeptieren und mit ihnen umzugehen. Der Verarbeitungs- und Trauerprozess über die Beeinträchtigung ihres Kindes ist denn auch häufig mit dem Schuleintritt noch nicht abgeschlossen und gerät durch diesen – z.B. durch die von außen steigen-

---

[151] Vgl. MILLER, R. (1992): "'Mit Lehrern kann man ja doch nicht reden!' 'Eltern wissen immer alles besser!' Über den geduldigen Aufbau der Kommunikation. 12 Bausteine." In: *Pädagogik.* Heft 5: 22.

[152] MARSOLEK/ZIELKE (1997): 24.

[153] Vgl. ebenda: 24.

den Anforderungen an die Leistungsfähigkeit und Leistungsbereitschaft des Kindes – gar in eine neue Phase. Es gilt, die Eltern mit ihrer spezifischen Biografie anzunehmen. Sind bei den ersten Gesprächen manche Reaktionsweisen oder Äußerungen derselben für die Pädagogin nicht nachvollziehbar bzw. unverständlich, hilft ein vorschnelles Be- oder gar Abwerten nicht weiter.[154]

'Die Grundschule besuchen' kann außerdem nach MARSOLEK/ZIELKE für Eltern bedeuten, dass ihr Kind in einer Regelschule ist und verbunden hiermit ist mitunter die Hoffnung, eine 'normale' Schullaufbahn vor sich zu haben. Diese (oft unbewussten oder uneingestandenen) Wünsche und Vorstellungen können zu enormem Leistungsdruck auf Seiten des Kindes, aber auch der Pädagogin führen. Stellen sich die Lernfortschritte nicht im Sinne der Eltern ein, sind die Enttäuschungen häufig groß. So wird denn auch aus der unterrichtlichen Praxis berichtet, dass es spätestens in einer solchen Situation zu Schuldzuweisungen gegenüber der Lehrerin kommen kann:

> "In den Augen der Eltern waren die Lehrerinnen unfähig, 'obwohl sie das alles studiert hatten'... In ihrer Frustration und Verzweiflung suchten die Eltern Rat bei der Schulleitung und beklagten sich. In dem gemeinsamen Gespräch mit den Lehrerinnen kam es dann schnell zum Eklat, weil unausgesprochene Missverständnisse auf beiden Seiten sich mit der Zeit aufgestaut hatten. Die Lehrerinnen fühlten sich verkannt, waren geradezu empört, weil die Eltern ihre ganze Mühe und Arbeit ... gar nicht wahrzunehmen schienen. ... Anstelle von Dankbarkeit erfuhren sie Vorwürfe und Angriffe. ... In solchen Situationen ist es besonders schwierig, Eltern und Lehrerinnen wieder in ein gemeinsames Gespräch zu führen, das ein konstruktives 'Miteinander-Weiterarbeiten' ermöglicht."[155]

Hier stellt sich für die Lehrerin eine schwer zu lösende Aufgabe: Sie müssen den Eltern (trotz der evtl. geäußerten Vorwürfe) Zeit und Raum geben, die Beeinträchtigung ihres Kindes im schulischen Rahmen zu erfahren, allmählich zu akzeptieren und sie auf diesem Weg begleiten und aktiv unterstützen. Es gilt insbesondere, den Lern- und Erkenntnisprozess der Erziehungsbe-

---

[154] Vgl. ebenda: 24.
[155] Ebenda: 25.

rechtigten zu unterstützen und ihre Einsicht in die Entwicklungsmöglichkeiten ihres Kindes zu vertiefen.[156] Um eine solche vertrauensvolle Zusammenarbeit zwischen Eltern und Lehrern entwickeln zu können, bedeutet dies, die Eltern mit ihrer spezifischen Biografie anzunehmen.

Für dieses Vorgehen hilfreich ist u.a. ein professioneller Umgang mit Kommunikation und die Kenntnis von Kommunikationsmodellen.[157] Obwohl dies allein keine Gewähr für einen für beide Seiten zufriedenstellenden Gesprächsverlauf darstellt, "...ist schon viel gewonnen, wenn jeder die Denkweise seines Gegenübers nachvollziehen kann und weitere Gesprächsbereitschaft signalisiert. Die dazu herauszubildenden Verhaltenseigenschaften werden mit Termini wie z.B. Empathie oder Ambiguitätstoleranz belegt."[158]

Elterngespräche sollten darüber hinaus einerseits langfristig geplant und regelmäßig durchgeführt, andererseits aber auch bei Bedarf flexibel organisiert werden. Nur so ist es möglich, gemeinsam den Lern- und Entwicklungsprozess des Kindes zu begleiten.[159] Grundbedingung hierfür ist, dass Elternar-

---

[156] Vgl. ebenda: 25.

[157] Besonders geeignet erscheinen mir hierbei die Ansätze von SCHULZ VON THUN und BIRKENBIHL, die einen anderen Fokus auf Kommunikationssituationen und den u.U. darin enthaltenen verbalen Angriffen ermöglichen und so zu einem besseren Verständnis seines Gegenübers und bedingt hierdurch auch zu einer Entschärfung der Situation beitragen können. Vgl. SCHULZ VON THUN, Fr. (1981): *Miteinander reden: Störungen und Klärungen. Psychologie der zwischenmenschlichen Kommunikation.* Reinbek bei Hamburg. Vgl. ebenso BIRKENBIHL, V.F. ([24.]2003): *Kommunikations-Training. Zwischenmenschliche Beziehungen erfolgreich gestalten.* Landsberg am Lech. MILLER wiederum hat 12 Bausteine für den geduldigen Aufbau der Kommunikation zwischen Eltern und Lehrern entwickelt. Vgl. MILLER (1992): 21 – 25.

[158] SUSTECK, H. (1992): "Der Umgang zwischen Lehrern und Eltern." In: *Pädagogik.* Heft 5: 34. Durch Empathie gelingt es z.B. in einer Konfliktsituation, eine Ausdrucksweise zu wählen, die der Gesprächsteilnehmer mit größerer Wahrscheinlichkeit in der gewünschten Weise versteht. Und Ambiguitätstoleranz kann bedeuten, dass man sein Temperament zügelt und sachlich bleibt, wenn es der Partner der Unterredung in der Situation nicht anders erträgt. Vgl. zu den Termini 'Empathie' bzw. 'Ambiguitätstoleranz' Kapitel 8.3 dieser Veröffentlichung.

[159] Vgl. MARSOLEK/ZIELKE (1997): 25.

beit – nicht nur mit den Eltern beeinträchtigter Kinder! – mehr als bisher fester Bestandteil der Lehreraus- und Fortbildung wird.[160]

Eine professionelle Beschäftigung mit Kommunikation birgt aber auch (mindestens) eine Gefahr: Beide Seiten geraten u.U. schnell in ein 'taktisches Verhalten'. Lehrer und Eltern jedoch, "... die einander 'taktisch oder strategisch behandeln', stoßen ... nach mehreren Treffen an eine Schwelle, an der ihnen ihre bisherigen Begegnungen seltsam substanzlos vorkommen. Gleichwohl zögern sie, diese Stufe zu überschreiten, weil sie nunmehr ihre persönlichen Bekümmernisse preisgeben müssten und der andere solche Eingeständnisse missbrauchen könnte."[161] Gerade im Überschreiten dieser Grenze jedoch liegt die Chance auf eine vertrauensvolle, gleichberechtigte, tiefe Partnerschaft begründet als dessen Ergebnis man zukünftig gemeinsam nach Lösungen sucht.[162]

Eine weitere Schwierigkeit kann darin bestehen, dass die Eltern des beeinträchtigten Kindes Schwierigkeiten haben, ihr Kind loszulassen. Je nachdem, was die Eltern bisher von ihrer Umwelt an Hilfen und Unterstützungen, aber auch an Abweisungen und Verletzungen erfahren haben, fällt es ihnen schwerer oder leichter, ihr Kind in die neue Situation zu entlassen.[163] Dies ist verständlich, denn wenn

> "...schon manche Eltern von nichtbehinderten Kindern mit Unbehagen und diffusen Ängsten der Schule, der Lehrerin begegnen, was fühlen dann erst Eltern, die ein Kind haben, das in manchen Verhaltens- und Reaktionsweisen teilweise anders als die meisten anderen ist? ... Was haben sie schon erleben müssen mit Ärzten, Therapeuten, Behörden, mit Nachbarn, in der Öffentlichkeit und sogar im Freundes- und Verwandtenkreis! Immer diese Erklärungen, diese Rechtfertigungen..."[164]

---

[160] Vgl. ebenda: 26.
[161] SUSTECK (1992): 33f.
[162] Vgl. ebenda: 33f.
[163] Vgl. MARSOLEK/ZIELKE (1997): 24.
[164] Ebenda: 24.

Eltern gehen z.T. davon aus, "... dass nur sie wissen können, was für ihr Kind gut und richtig zu sein scheint."[165] Auch dieser Umstand ist nachvollziehbar, führt man sich vor Augen, dass sie seit der Geburt ihres Kindes unter Umständen mit Fehldiagnosen und Fehlprognosen von Experten konfrontiert waren und die Entwicklung ihres Kindes gerade durch ein Nicht-Annehmen der Ratschläge mitunter erst möglich wurde. Gerade Mütter als Kämpferinnen für ihre Kinder neigen denn auch dazu, "...in einer Lehrerin eine Konkurrentin zu sehen, die mit ihrem Kind nicht 'richtig' umgehen kann, weil sie es nicht so gut kennt wie sie selbst."[166] Lehrer wiederum ziehen u.U. dieses Beurteilungsvermögen in Zweifel, "...da sie wissenschaftlich ausgebildet wurden, ständig mit Kindergruppen ... zu tun und damit Vergleichsmöglichkeiten haben; insofern verfügen sie über ein größeres Erfahrungsspektrum."[167] Der Konflikt ist da.

Eine gute Beziehung zwischen Eltern und Lehrern kann sich jedoch nur entwickeln, "...wenn sie sich prinzipiell auf gleichberechtigter Basis gegenübertreten."[168] Dazu ist es keinesfalls notwendig, in allen Punkten einer Meinung zu sein. Kinder sind vielmehr erstaunlich flexibel: "Die Heranwachsenden geraten so lange nicht in Schwierigkeiten, wie Eltern und Lehrer einander in ihrer Andersartigkeit wohlwollend akzeptieren."[169] Dies zu beachten ist nicht nur bei Anwesenheit des 'Miterziehers' notwendig, da Kinder auch feinnervig darauf reagieren, wie Eltern und Pädagogin bei Abwesenheit des Anderen übereinander reden.[170]

Neben einem 'Nicht-Loslassen-Können' ist auch das andere Extrem zu beobachten. In diesen Fällen lässt sich beobachten, "...dass überforderte Eltern alle Verantwortung an die Schule bedenkenlos abgeben, geradezu abschie-

---

[165] Ebenda: 25.
[166] Ebenda: 25.
[167] SUSTECK (1992): 33.
[168] Ebenda: 34.
[169] Ebenda: 33.
[170] Vgl. ebenda: 34.

ben. Lehrer müssen dann ... entscheiden, in welchem Umfang sie Verantwortung seitens der Eltern einfordern müssen..."[171].

Besteht die Hauptaufgabe der Pädagogin darin, Geduld, Verständnis und kommunikative Kompetenz einzubringen, kommt auch den Eltern des beeinträchtigten Kindes mehr als eine zusätzliche Aufgabe zu. Sie könnten z.b. die Arbeit der Lehrerin enorm erleichtern, indem sie die Pädagogin, bei Wunsch aber auch die Klassenkameraden oder deren Eltern informieren und so helfen, die Hemmschwellen ihrem Kind gegenüber abzubauen.[172]

SUSTECK weist darüber hinaus auf einen weiteren, häufig unterschätzten Punkt als Beitrag für eine gelingende Kooperation und Integration hin:

> "Jeder Mensch braucht Anerkennung, also auch Unterrichtende. Diese Anerkennung können Schüler nur mit Einschränkungen leisten. Sie stellt die möglicherweise wichtigste Aufgabe für deren Eltern dar, wenn ihnen an einem engagierten und vergnügten Lehrer für ihr Kind gelegen ist. Denn früher oder später kommt der Pädagoge an einen Punkt, an dem ihm seine Arbeit belanglos vorkommt, er vielleicht merkt, dass es nur wenige zur Kenntnis nehmen, ob er sich anstrengt oder sein Programm mit einem Minimalaufwand abspult."[173]

Zusammenfassend lässt sich also sagen, dass vor allem Vertrauen zwischen den Eltern, dem Kind und der Lehrerin eine (die einzige?!) tragfähige Basis für eine gute Zusammenarbeit und eine gelingende Integration ist. Ein solches Vertrauen lässt sich nicht einfordern, sondern muss von allen Beteiligten in einem - mitunter mühsamen und von Rückschlägen nicht freien Prozess - erarbeitet und erworben werden. Geduld und Toleranz sind notwendige Bausteine auf diesem Weg, ohne den eine Integration allerdings nicht funktionieren kann.[174]

---

[171] MARSOLEK/ZIELKE (1997): 25.

[172] Vgl. STARKE, V. (2003): "Schulzeit. Eltern, sohlt Eure Schuhe!" In: *Info Cirkel.* Heft 17: 8.

[173] SUSTECK (1992): 32.

[174] MARSOLEK/ZIELKE (1997): 25.

4. Hörbeeinträchtigung im Kindes- und Jugendalter

Die Auswirkungen, die eine Hörbeeinträchtigung auf das tägliche (Er-)Leben hat, können außerordentlich gravierend sein. Dies ist für guthörende Personen in der Regel schwer nachvollziehbar, zumal eine Schädigung des Gehörs optisch nicht erkennbar ist. Bei der Beschäftigung mit der schulischen Integration von Kindern mit einer Hörbeeinträchtigung ist es umso notwendiger, sich mit dem Phänomen 'Hörbeeinträchtigung' in möglichst vielen Facetten auseinander zu setzen.[175]

Hierzu zählt, dass man sich intensiv mit den Folgen einer auditiven Minderleistung für die akustische Wahrnehmung von Lautsprache, dem Einfluss auf den kindlichen Spracherwerb und den Auswirkungen einer Hörbeeinträchtigung auf Kommunikation und Interaktion beschäftigt.[176] Dies wird in Kapitel 6 ausführlich geschehen.

Die Basis für ein Verständnis kann erst durch eine Auseinandersetzung mit anatomischen, physiologischen und akustischen Grundlagen geschaffen werden. Aus diesem Grund sollen diese in Kapitel 4 ebenso dargelegt werden wie ausgewählte Kenntnisse der audiometrischen Diagnostik, der unterschiedlichen Einteilungsarten von Hörschäden und der gängigen Hilfsmittel, die (auch) für einen schulischen Umgang miteinander Bedeutung besitzen.

---

[175] Vgl. ARBEITSGRUPPE INTEGRATION AN DER STAATLICHEN INTERNATSSCHULE FÜR HÖRGESCHÄDIGTE SCHLESWIG (1992): 49.
[176] Vgl. SCHÖLER (1993): 157.

4.1 Anatomische Grundlagen

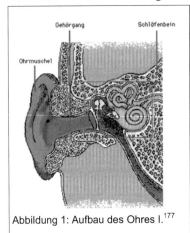

Abbildung 1: Aufbau des Ohres I.[177]

Das was gewöhnlich als Ohr bezeichnet wird ist eigentlich das statoakustische Sinnesorgan (gr. Statikos = auf das Gleichgewicht bezogen; akoustikos = das Gehör betreffend); d.h. eine Verbindung von Gehör- und Gleichgewichtsorgan.[178] Unterschieden werden drei Abschnitte am Ohr: Das Außen-, Mittel- und Innenohr.

Das Außenohr setzt sich aus der Ohrmuschel und dem etwa drei Zentimeter langen Gehörgang zusammen, der durch eine häutige Membran - dem Trommelfell - in Richtung Mittelohr abgeschlossen wird.

Die Ohrmuschel hat die Form eines Schalltrichters und dient dem Auffangen von Schallwellen, der Gehörgang dem Weiterleiten derselben.[180]

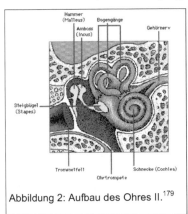

Abbildung 2: Aufbau des Ohres II.[179]

Hinter dem Trommelfell liegt das Mittelohr. Durch das Mittelohr zieht sich eine Kette mit drei Gehörknöchelchen: Hammer, Amboss und Steigbügel. Sie verbinden das Trommelfell akustisch mit dem flüssigkeitsgefüllten Innenohr.[181]

---

[177] Die Abbildung ist entnommen aus: MICROSOFT: *Encarta Enzyklopädie PLUS 2001*: Stichwort 'Ohr'.

[178] Vgl. LEONHARDT (1999): 37.

[179] Die Abbildung ist entnommen aus: MICROSOFT: *Encarta Enzyklopädie PLUS 2001* : Stichwort 'Ohr'.

[180] Vgl. LEONHARDT (1999): 38.

[181] Vgl. ebenda: 39f.

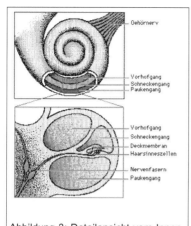

Abbildung 3: Detailansicht vom Innenohr.[182]

Das Innenohr, auch Labyrinth genannt, ist der Teil des Ohres, in dem die Organe für das Gehör und für den Gleichgewichtssinn, aber auch der Gehörnerv liegen. Es sitzt größtenteils im Schläfenbein und setzt sich aus einem knöchernen Teil (knöchernes Labyrinth) und einem häutigem Teil (häutiges Labyrinth) zusammen. Das häutige Labyrinth ist mit Endolymphe, einer geleeartigen Flüssigkeit, gefüllt, besteht aus vier Teilen (Sacculus, Utriculus, Bogengänge und Cochlea) und schwimmt in dem mit Perilymphe, einer klaren Flüssigkeit, gefüllten knöchernen Labyrinth. Sacculus, Utriculus und die Bogengänge gehören zum Gleichgewichtsorgan[183], die Cochlea zum Hörorgan. Die in der Cochlea sitzenden haarähnlichen Fortsätze (Haarzellen) bilden zusammen mit einigen anderen Zelltypen das Cortische Organ und übertragen die akustischen Signale unmittelbar an den Gehörnerv, der wiederum die Informationen an das Gehirn weiterleitet.[184]

4.2 Physiologische Grundlagen

Schallwellen (z.B. gesprochener Sprache) sind Luftdruckveränderungen. Sie gelangen zur Ohrmuschel, wandern als physikalischer Reiz den Gehörgang lang, treffen am Ende des Gehörgangs auf das Trommelfell und versetzen dieses in Schwingungen. Diese Schwingungen werden über die Gehörknöchelchen des Mittelohres zur Perilymphe im Innenohr weitergeleitet und versetzen die Haarzellen in der Cochlea in Bewegung. Von hier aus werden die mechanischen Schwingungen an den Gehörnerv weitergegeben - der physi-

---

[182] Die Abbildung ist entnommen aus: MICROSOFT: *Encarta Enzyklopädie PLUS 2001*: Stichwort 'Ohr'.

[183] Auf eine Beschreibung der Funktions- und Arbeitsweise des Gleichgewichtsorgans muss an dieser Stelle verzichtet werden. Für nähere Informationen vgl. ebenda: Stichwort 'Ohr'.

[184] Vgl. LEONHARDT (1999): 40-42.

kalische Reiz also in einen Nervenreiz transformiert.[185] Der Gehörnerv wiederum leitet den Nervenreiz mit Informationen über Frequenz, Intensität und Klangfarbe des Geräusches an das Gehirn weiter, welches für die eigentliche Hörempfindung verantwortlich ist.[186]

4.3 Akustische Grundbegriffe

Schallwellen besitzen einen bestimmten Druck (Lautstärke) und eine bestimmte Frequenz (Tonhöhe). Die Lautstärke des Schalls wird physikalisch in Dezibel (dB) ausgedrückt. Die Tonhöhen werden in Hertz (Hz) gemessen.

Der Mensch hört maximal in einem Frequenzbereich von 16 bis 28 000 Hertz.[187] Die meisten Sprachlaute werden zwischen 250 und 8000 Hertz erzeugt und für das Verstehen von Sprache ist der Bereich zwischen 500 Hz und 2000 Hz besonders wichtig.[188] Die Fähigkeit, tiefe Töne (bis ca. 800/1000 Hertz) hören zu können ist wichtig für das Erhören der Vokale; die Fähigkeit, hohe Töne (zwischen 1000 und 8000 Hertz) hören zu können ist für das Erhören der Konsonanten Voraussetzung. Da die menschliche Sprache erst durch das Hören der Konsonanten verständlich wird, ist eine gute Hörfähigkeit im hohen Tonbereich von ganz besonderer Bedeutung.[189]

4.4 Audiometrische Diagnostik[190]

Die Verfahren der subjektiven Audiometrie ermöglichen durch das Ermitteln der Hörschwelle[191] und der Unbehaglichkeitsschwelle[192] eine genauere Be-

---

[185] Vgl. ebenda: 44-46. Vgl. MICROSOFT (2001). Stichwort 'Ohr'.

[186] Vgl. ebenda: Stichwort 'Innenohr'.

[187] Vgl. ebenda: Stichwort 'Ohr'.

[188] Vgl. LÖWE, A. (²1989): *Pädagogische Hilfen für hörgeschädigte Kinder in Regelsch ulen.* Heidelberg: 19.

[189] Vgl. LEONHARDT (1999): 48.

[190] Ich werde mich im weiteren nur mit der pädagogischen Audiometrie beschäftigen, die mit subjektiven audiometrischen Verfahren arbeitet. Für Informationen über die medizinischen Verfahren der Audiometrie vgl. LEONHARDT (1999): 89f. Subjektive audiometrische Verfahren sind von einer Mitarbeit des zu Prüfenden abhängig. Für Kinder wurden hierbei spezielle Verfahren entwickelt, die unter der Bezeichnung Kinderaudiometrie zusammengefasst werden, wobei hier nicht so sehr das tatsächliche Lebensalter, sondern vielmehr das geistige Entwicklungsniveau maßgebend ist. Vgl. ebenda: 91.

stimmung des Hörfeldes[193] einer Person. In der Schulakte eines Kindes mit einer diagnostizierten Hörbeeinträchtigung befindet sich in der Regel ein Tonaudiogramm[194], z.T. auch ein Sprachaudiogramm.[195]

4.5 Einteilung der Hörbeeinträchtigungen

Eine Einteilung der Hörbeeinträchtigungen findet nach Art, Zeitpunkt und Ausmaß der Beeinträchtigung statt[196], so dass man für einen ersten Überblick drei Gruppen von betroffenen Kindern unterscheiden kann: schwerhörige, gehörlose und im Sprachbesitz ertaubte Kinder.[197]

---

[191] Unter der Hörschwelle wird der Punkt verstanden, wo ein Ton vom Unhörbaren zum Hörbaren wird. Vgl. ebenda: 91.

[192] Unter der Unbehaglichkeitsschwelle wird der Punkt verstanden, bei dem ein Ton als unangenehm laut empfunden wird. Vgl. ebenda: 91.

[193] Das Hörfeld fasst all diejenigen Töne zusammen, die ein Individuum in der Lage ist akustisch wahrzunehmen. Vgl. ebenda: 91.

[194] Hier wird mit Hilfe von Tönen oder Geräuschen die Funktionsweise des Hörorgans gemessen. Zur Messung wird ein Ton oder Geräusch (über Kopfhörer) eingespielt. Der zu Prüfende gibt nun an, ab wann der Ton für ihn gerade hörbar wird. Auf diesem Weg wird der Grenzwert zwischen unhörbarem und hörbarem Bereich ermittelt. Die Messwerte über alle Frequenzen ergeben die Hörschwelle, die wiederum in einem Audiogramm graphisch in Form eines Hörfeldes festgehalten wird. Zur Ermittlung der Unbehaglichkeitsschwelle wird dieses Verfahren in einem zweiten Schritt wiederholt. Die unterschiedlichen Töne werden in sich steigernder Lautstärke eingespielt, bis der zu Prüfende angibt, dass die Lautstärke für ihn unangenehm wird. Die Messwerte über alle Frequenzen ergeben die Unbehaglichkeitsschwelle. Vgl. ebenda: 91.

[195] Ein Sprachaudiogramm enthält Angaben zum Sprachgehör und Sprachverständnis des Betroffenen. Die Messung erfolgt, indem zuerst überprüft wird, um wie viel Dezibel lauter Zahlen im Vergleich zum Guthörenden angeboten werden müssen, damit sie verstanden werden. Danach wird mit einsilbigen Wörtern geprüft, ob bei einer bestimmten Verstärkung alle angebotenen Testwörter verstanden werden. Werden alle Wörter erkannt, kann man auf ein 100%iges Sprachverstehen schließen. Ist das nicht der Fall, wird ermittelt, wie viel Prozent der angebotenen Testwörter bei optimaler Lautstärke erfasst werden. Dieser Wert wird als 'Diskriminationsverlust für Sprache' bezeichnet.[195] Vgl. LÖWE (²1989): 20. Eine Diagnose mit Hilfe der Sprachaudiometrie ist ab dem 8. Lebensjahr möglich, sofern das Kind über ein ausreichendes Sprachverständnis verfügt. Vgl. LEONHARDT (1999): 92.

[196] Vgl. ebenda: 47-57.

[197] Vgl. ebenda: 16ff.

4.5.1 Arten von Hörschäden

- Schallleitungsschwerhörigkeit
- Schallempfindungs- bzw. Sensorineurale- oder Innenohrschwerhörigkeit
- Kombinierte Schalleitungs-Schallempfindungsschwerhörigkeit
- Gehörlosigkeit

Schallleitungsschwerhörigkeit

Abbildung 4: Visualisierung einer Schallleitungsschwerhörigkeit.[198]

Bei einer Schallleitungsschwerhörigkeit kann der Schall das Innenohr nicht ungehindert erreichen. Die Schwerhörigkeit ist im Gehörgang, im Trommelfell, bei den Gehörknöchelchen oder der Paukenhöhle lokalisierbar und oft die Folge einer Mittelohrentzündung oder einer Unbeweglichkeit der Gehörknöchelchen.[199] Ein Betroffener hört Sprache in unveränderter Tonqualität mit verminderter Lautstärke.[200] Die maximale Hörminderung durch eine Schalleitungsschwerhörigkeit beträgt 60dB und ist mit der Wirkung von 'Ohrstöpseln' im Ohr vergleichbar: man hört gedämpft, wie durch Watte.[201] Diese Art der Schwerhörigkeit ist in den meisten Fällen durch medizinische Eingriffe zu beheben.[202]

---

[198] Die Abbildung ist entnommen aus: http://www.spektrum-hoeren.de/regelsch.htm (Datum des Abrufs: 24.09.2003).

[199] Vgl. LEONHARDT (1999): 47.

[200] Vgl. LÖWE (²1989): 21.

[201] Vgl. VON HAUFF, R./KERN, W. (1991): *Unterricht in Klassen mit hörgeschädigten und hörenden Schülerinnen und Schülern.* München: 15.

[202] Vgl. LEONHARDT (1999): 47.

Schallempfindungsschwerhörigkeit

Abbildung 5: Visualisierung einer Schallempfindungsschwerhörig-keit.[203]

Eine Schallempfindungsschwerhörigkeit beruht auf Veränderungen des Corti-schen Organs oder der nervalen Hörbahn. Nicht die mechanische Übertragung des Schalls, sondern dessen Empfindungsmöglichkeit ist beeinträchtigt. Eine Schallempfindungsschwerhörigkeit bewirkt neben der quantitativen Beeinträchtigung vor allem eine qualitative Veränderung der auditiven Wahrnehmung. Es kommt zu einem verzerrten Hören. Den Zustand der Betroffenen könnte man mit den Worten 'Ich höre, aber ich verstehe nicht' umschreiben, da gerade auch die Laute der menschlichen Sprache stark deformiert sind. Das Ausmaß der Verzerrung hängt vom subjektiven Verlauf der Hörschwelle ab. Für Kinder bedeutet eine vor dem Spracherwerb auftretende Schallempfindungsschwerhörigkeit einen erschwerten und teilweise auch deutlich eingeschränkten Lautspracherwerb. Im Extremfall kann die Sprachentwicklung gänzlich ausbleiben. Eine einfache lineare Verstärkung der Höreindrücke bietet dem Betroffenen keine Hilfe. Dennoch können sorgfältig angepasste Hörgeräte, eine auf die individuelle audiologische Situation abgestimmte Hörerziehung bzw. ein entsprechendes Hörtraining[204] die Situation des Betroffenen verbessern.[205]

---

[203] Die Abbildung ist entnommen aus: http://www.spektrum-hoeren.de/regelsch.htm (Datum des Abrufs: 24.09.2003).

[204] Für nähere Informationen zum Komplex der Hörerziehung bzw. des Hörtrainings vgl. z.B. LUBÉ, D. (1991): "Hörerziehung." In: PRILLWITZ, S. (Hg.): *Zeig mir beide Sprachen! Elternbuch 2.* Hamburg: 79-100. Ebenso RADICKE, R./GÖBEL, J. (1995): *Sprech-Hör-Erziehung hörgeschädigter Kinder.* (Ohne Ortsangabe).

[205] Vgl. LEONHARDT (1999): 48ff.

Kombinierte Schallleitungs- und Schallempfindungsschwerhörigkeit

Wenn neben einer Schalleitungsstörung noch eine Funktionsstörung des Innenohrs hinzu kommt, spricht man von kombinierter Schwerhörigkeit, kombinierter Schalleitungs-Schallempfindungsschwerhörigkeit oder kombinierter
Mittelohr- Innenohrschwerhörigkeit. Die bei einer Schallempfindungsschwerhörigkeit auftretenden Symptome dominieren.[206]

Gehörlosigkeit

Gehörlosigkeit ist eigentlich keine gesonderte Hörstörung, sondern eine ex-
treme Form der Schallempfindungsschwerhörigkeit. Sie beruht auf einem
hochgradigen Schallempfindungsschaden des Innenohrs. Eine absolute
Taubheit, bei der keinerlei Hörreste mehr vorhanden sind, ist sehr selten und
tritt eigentlich nur dann auf, wenn der Hörnerv oder das primäre Hörzentrum
zerstört sind.[207]

Aus pädagogischer Sicht ist das Vorhandensein von Lautsprache ein wichtiges Kriterium der Abgrenzung zwischen Gehörlosigkeit und Schwerhörigkeit.
So wird von Gehörlosigkeit gesprochen, wenn vor Abschluss des Spracherwerbs eine so starke Schädigung des Gehörs vorliegt, dass auch bei Versorgung mit einer Hörhilfe ein Spracherwerb nicht auf auditiv-imitativem Wege
möglich ist. Für einen Spracherwerb bedarf es in diesen Fällen fachpädago-
gischer Anleitung.[208]

Gehörlose Menschen sind 'Augenmenschen'. Das (Ab-)Sehen[209] steht in einer kommunikativen Situation im Vordergrund. Hörgeräte können dennoch
eine wichtige Wahrnehmungshilfe darstellen. Personen mit einer Schwerhö-

---

[206] Vgl. ebenda: 76.

[207] So besitzen ca. 98% der gehörlosen Menschen minimale Hörreste. Vgl. ebenda: 50.
'Gehörlosigkeit' stellt zudem auch ein soziales Phänomen dar: die Zugehörigkeit zur kulturellen Gemeinschaft der Gehörlosen. Für nähere Informationen vgl. HOLLWEG (1999): 31.

[208] Vgl. LEONHARDT, A. (1996): *Didaktik des Unterrichts für Gehörlose und Schwerhör i-
ge.* Neuwied: 17.

[209] Ich gebe dem Begriff des 'Absehens' den Vorzug vor dem Begriff des 'Ablesens'. 'Able-
sen' impliziert das 'Lesen' (z.B. in einem Buch) und erweckt hierdurch den Eindruck einer
reibungs- und störungslosen Informationsaufnahme. Vgl. 4.6 dieser Veröffentlichung.

rigkeit sind 'Ohrenmenschen'. Bei ihnen steht bei einer Kommunikation die auditive Wahrnehmung über das verbliebene Hörvermögen im Vordergrund.[210]

4.5.2 Zeitpunkt des kindlichen Schadenserwerbs

Unterschieden wird danach, ob die Hörschädigung pränatal, perinatal, postnatal – vor oder nach dem Spracherwerb - eingetreten ist.[211]

Eine pränatale Hörschädigung ist entweder erblich bedingt[212], durch eine Erkrankung der Mutter während der Schwangerschaft (mit z.b. Masern oder Röteln) bzw. durch heftigen Drogenkonsum oder eine missbräuchliche Verwendung von Beruhigungsmitteln und Antibiotika ausgelöst. Perinatal meint den Zeitraum kurz vor, während oder nach der Entbindung und kann z.b. durch Schädelverletzungen oder durch Sauerstoffmangel während der Geburt verursacht sein. Eine postnatale Hörschädigung tritt häufig infolge einer Infektionskrankheit wie Hirnhautentzündung oder Mumps auf, kann aber auch durch eine Schädelverletzung hervorgerufen sein.[213]

Personen, die ohne oder mit einem nur sehr geringen Hörvermögen geboren wurden, bezeichnet man als prälingual (vorsprachlich) gehörlos. Menschen, die ihr Hörvermögen nach dem Spracherwerb eingebüßt haben, als postlingual (nachsprachlich) gehörlos[214] bzw. ertaubt.[215]

---

[210] Vgl. LÖWE (²1989): 25f.

[211] Vgl. LEONHARDT (1999): 52f.

[212] So besitzen ca. 40-60% aller Hörschäden eine genetische Ursache, die u.U. jedoch erst im Verlaufe des Lebens in aller Deutlichkeit zu Tage tritt. Vgl. LÖWE (²1989): 27f.

[213] Vgl. LEONHARDT (1999): 53f.

[214] Vgl. LÖWE (1989): 14.

[215] Als untere Altersgrenze wird das 4. Lebensjahr angesehen. Eine Abgrenzung zur Gehörlosigkeit ist sinnvoll, da die Kinder in der Regel über eine altersgemäße Lautsprache verfügen. Nach einer Ertaubung zielt eine pädagogische Förderung darauf ab, die bis dahin erreichte Sprachkompetenz zu erhalten und weiter auszubauen, aber auch darauf, eine visuelle Perzeption der Lautsprache (das 'Absehen') zu trainieren. Zudem erhalten die Kinder und Jugendliche eine professionelle Unterstützung bei der Bewältigung der psychischen Belastung, für das Aufrechterhalten ihrer Kommunikationsbereitschaft und für den

4.5.3 Ausmaß der Hörbeeinträchtigung und Auswirkungen auf das akustische Verstehen von Lautsprache

Mittlerer Hörver- lust[216]	Bezeichnung	Auswirkung
20-40dB	leichte Schwerhörigkeit	Ohne die Versorgung mit einer Hörhilfe besteht vor allem ein Problem darin, Flüstersprache zu verstehen.
40-60dB	Mittelgradige Schwerhörig- keit	Ohne die Versorgung mit einer Hörhilfe besteht ein großes Problem darin, Ansprache in normaler Lautstärke aus mehr als einem Meter Entfernung zu verstehen.
60-90dB	Hochgradige oder an Taubheit grenzende Schwerhörigkeit	Ohne die Versorgung mit einer Hörhilfe ist ein Verstehen normal gesprochener Sprache nicht mehr möglich.
90-120dB	Resthörigkeit[217]	Kinder, die einen Hörverlust diesen Ausmaßes haben, verfügen in aller Regel über Hörreste, die für eine Sprachwahrnehmung genutzt werden können.
>120dB	Gehörlosigkeit/Taubheit	Auch bei Versorgung mit einer Hörhilfe ist das Verstehen von Sprache nicht mehr möglich.

Tabelle 2: Grade der Schwerhörigkeit und deren Auswirkungen auf das Verständnis von Lautsprache. [218]

Erhalt ihres akustischen Spracherinnerungsvermögens und ihrer Sprechmotorik. Vgl. LEONHARDT (1999): 16-19.

[216] Der mittlere Hörverlust bezeichnet das arithmetische Mittel der Reintonaudiogramm- werte der Frequenzen von 500 Hz, 1000 Hz und 2000 Hz auf dem besseren Ohr. Vgl. HOLLWEG (1999): 31.

[217] Lange Zeit galt als Gehörlosigkeit, wenn der Hörverlust im Hauptsprachbereich (also zwischen 500 und 4000Hz) größer als 90dB war. Durch die ständige Weiterentwicklung der modernen Hörgerätetechnik und durch die zunehmende Effektivität auditiv-verbaler Frühförderung ist diese Sicht nicht mehr haltbar. Vgl. LEONHARDT (1996): 17f. sowie LEONHARDT (1999): 51. LÖWE spricht sich gegen eine Überbewertung der audiometrisch getroffenen Abgrenzungen aus, da auch Faktoren wie Intelligenzgrad, Sprachentwick- lungsstand, Sprachbegabung, Zusatzbeeinträchtigungen, familiäre Umwelt, der Zeitpunkt des Eintritts der Hörschädigung und der Beginn der pädagogischen Förderung eine große Rolle spielen. Vgl. LÖWE (²1989): 26.

[218] Zusammengestellt nach Daten aus LÖWE (²1989): 15f., LEONHARDT (1999): 51 und MÜLLER (²1996): 17. Zum besseren Verständnis einige Vergleichswerte: Das Flügel- schlagen eines Schmetterlings bewegt sich in einem Bereich von 10 dB, ganz leise Ra- diomusik liegt bei ca. 40 dB. Die normale Sprechlautstärke ist bei 60 dB anzusiedeln. Lau- te Radiomusik hat in der Regel eine Schallstärke von 80 dB; in dem Bereich von 100 dB bewegt sich das Hupen eines Autos oder ein sehr lautes Schreien aus kurzer Entfernung.

4.6 Das Absehen

Sprechen kommt durch Bewegung der Artikulationsorgane zustande. Die Stellung der Lippen, des Kiefers, manchmal auch der Zunge sind hierbei für den Betrachter sichtbar. Ein Teil der Bewegungen ist zum Sprechen generell notwendig, ein anderer Teil kommt häufig bei bestimmten Lauten vor.[219]

4.6.1 Integration von Hören und Sehen bei Guthörenden

Auch bei Guthörenden ist das Absehen Teil der sprachlichen Wahrnehmung. Es wird angenommen, dass visuelle Informationen vor allem zur Bestimmung des Artikulationsortes herangezogen werden. Die visuelle Wahrnehmung ist je nach Kontext unterschiedlich wichtig[220], so dass das Absehen vor allem als Hilfe bei akustisch gestörtem oder mehrdeutigem Hören eingesetzt wird.[221]

4.6.2 Das Absehen von Menschen mit Hörbeeinträchtigung

Unter Absehen wird hier ein aufmerksames Beobachten der Lippenbewegungen mit dem Ziel verstanden, möglichst viel von dem, was gesprochen wird, visuell aufzunehmen. Absehen ist demnach das Zuordnen von Lippenbewegungen zu einem Gegenstand, einer Handlung oder einer Vorstellung.[222] Das

---

Motor- und Propellergeräusche eines Propellerflugzeugs haben eine Lautstärke von ca. 120 dB. Vgl. LÖWE (²1989): 19.

[219] Vgl. HEEG, P. (1991): *Schulische Kommunikation stark schwerhöriger Kinder. B e-schreibung der interaktiven Mikrostrukturen in einer Schulklasse.* Heidelberg: 74.

[220] Vgl. ebenda: 74f.

[221] Vgl. MASSARO, D.W. (1987): *Speech Perception by Ear and Eye: A Paradigm for Psychological Inquiry.* Hillsdale, New Jersey, London: ohne Seitenangabe. Nach: HEEG (1991): 75. Die These des Absehens als Teil der sprachlichen Wahrnehmung wird auch durch Beobachtungen aus dem Bereich des kindlichen Spracherwerbs gestützt: Hören und Absehen entwickelt sich hier bei vollsinnigen Kindern gleichzeitig; blinde Kinder erwerben absehbare Laute im Vergleich mit ihnen langsamer. Vgl. DODD, B.: "Lip-reading. Phonological Coding and Deafness." In: Dodd, B./Campbell, R. (Hg.) (1987): *Hearing by Eye: The Psychology of Lip -reading.* London, Hillsdale, New Jersey: ohne Seitenangabe. Vgl. MILLS, A.E.: "The Development of Phonology in the Blind Child." In: Dodd, B./Campbell, R. (Hg.) (1987): *Hearing by Eye: The Psychology of Lip -reading.* London, Hillsdale, New Jersey: ohne Seitenangabe. Nach: HEEG (1991): 75.

[222] Vgl. MICHELS, J. (³1982): *Frühe Spracherziehung für hörgeschädigte und sprachen t-wicklungsgestörte Kinder.* Berlin: 23f. Neben dem Mundbild liefern sowohl die Mimik als auch die Gestik weitere Zusatzinformationen über den sprachlichen Inhalt und werden für

Mundbild liefert jedoch nur wenig *eindeutige* Hinweise für einen artikulierten Laut – und nur ca. 30% der Äußerungen können – unter optimalen Bedingungen – eindeutig identifiziert werden.[223]

Das Absehen wird als ein Problemlöseprozess angesehen, bei dem auf der Basis einer guten Sprachkenntnis sprachliche Mehrdeutigkeiten innerhalb der kommunikativen Situation sukzessive aufgeklärt werden. Voraussetzung hierfür ist, dass die betreffende Person über eine ausreichende Kenntnis der Lautsprache verfügt. "Entsprechend sind Personen, die nach dem Erwerb einer Lautsprache über das Gehör ertaubt sind, z.t. zu so erstaunlichen Ableseleistungen fähig, dass ihre Hörbehinderung zunächst unbemerkt bleibt. Anders verhält es sich bei einer vorsprachlichen Hörschädigung".[224] Hier kann von einer guten Beherrschung des sprachlichen Regelsystems – und somit von einer guten Absehfähigkeit - nicht ausgegangen werden.[225]

Absehen erfordert ein Höchstmaß kognitiver Leistung und Konzentration. Verarbeitungsprozesse des Sehens benötigen im Vergleich zu denen des Hörens mehr Zeit. Bereits durch ein kurzes Wegschauen ist die Informationsaufnahme unterbrochen und derartige Lücken müssen - bei Fortgang der Interaktion - durch Kombinationen im Geiste geschlossen werden; gleichzeitig ist es notwendig, die neuen Informationen simultan aufzunehmen.[226] Entsprechend ist eine entspannte Kommunikation unter Zuhilfenahme des Absehens ab einem gewissen Umfang der Hörbeeinträchtigung nicht mehr möglich.[227]

---

eine Entschlüsselung desselben mit herangezogen. Vgl. MICROSOFT (2001): Stichwort 'Mimik'. Ebenso MICROSOFT (2001): Stichwort 'Gestik'.
[223] Vgl. HOLLWEG (1999): 46.
[224] HEEG (1991): 76.
[225] Vgl. HOLLWEG (1999): 46.
[226] Vgl. ebenda: 46.
[227] Vgl. HEEG (1991): 76.

4.7 Hilfsmittel

Für Menschen mit einer Hörbeeinträchtigung stehen zahlreiche Hilfsmittel für das tägliche Leben und Lernen zur Verfügung. Eine erste Unterscheidung lässt sich zwischen manuellen und technischen Hilfen treffen.

4.7.1 Manuelle Hilfen

Für Kinder mit einer Hörbeeinträchtigung gilt der Grundsatz "Wer schlecht hört, muss mehr sehen"[228] und innerhalb der Hörgeschädigtenpädagogik werden aus diesem Grund zahlreiche Hilfsmittel verwendet, die eine optische Unterstützung für ein (Sprach-)Verstehen - gerade auch bei sehr schwierigen Wörtern - bieten. Im weiteren sollen sowohl das Internationale Fingeralphabet als auch die Lautsprachbegleitenden Gebärden exemplarisch näher vorgestellt werden.[229]

4.7.1.1 Das Internationale Fingeralphabet[230]

Dieses Buchstabiersystem benutzt für jeden Buchstaben – also für jedes Graphem – ein Zeichen. Diese Fingerzeichen werden mit einer Hand – seitlich des Kopfes ca. in Mundhöhe – 'gefingert'. Das Fingeralphabet orientiert sich hierbei an der Rechtschreibung der geschriebenen Sprache. Die einzelnen Zeichen sind relativ leicht erlernbar, da es eine Ähnlichkeit zwischen dem Buchstaben des Fingeralphabets und seiner schriftsprachlichen Entsprechung gibt. Wird das Fingeralphabet beherrscht, können Wörter weitgehend flüssig im Rhythmus der Lautsprache gefingert werden. Eingesetzt wird es aber hauptsächlich, um schwerverständliche, unbekannte (Fremd-)Wörter oder Eigennamen, die schlecht abzusehen sind, zu vermitteln. Auch für eine

---

[228] SCHÖLER (1993): 160.

[229] Auf eine Beschreibung der Deutschen Gebärdensprache (DGS) kann an dieser Stelle verzichtet werden, da sie zwar in bilingualen Konzepten (wie z.B. in Hamburg) mittlerweile Bedeutung bei der Unterrichtung resthöriger bzw. gehörloser Kinder besitzt, jedoch in der Regel noch immer keine nennenswerte Verwendung in einem integrativen Unterricht von Kindern mit einer Hörbeeinträchtigung ganz allgemein. Für nähere Informationen vgl. z.B. PRILLWITZ, S. (1991): "Zum Konzept der Zweisprachigkeit in Erziehung und Bildung Gehörloser – Ein ganzheitliches Programm mit Zukunftsperspektiven." In: PRILLWITZ, S. (Hg.): *Zeig mir beide Sprachen! Elternbuch 2*. Hamburg: 179 – 194.

[230] Vgl. Anlage 1 und 2 im Anhang.

Unterscheidung homophoner Wörter findet das Fingeralphabet Verwendung.[231]

4.7.1.2 Lautsprachbegleitende Gebärden (LBG)[232]

Lautsprachbegleitende Gebärden werden parallel zur Lautsprache eingesetzt und dienen der Verdeutlichung des sprachlichen Inhalts mit Hilfe eines zweiten Kommunikationssystems. Sie sind lautsprachbegleitend insofern, als dass sie sich in ihrer Struktur den Bedingungen der Lautsprache anpassen.[233] LBG lässt sich demnach definieren als "...intensives Zusammenspiel von Sprechen/Absehen, Gebärden, gebärdenergänzenden Fingeralphabetzeichen und Begleitmimik, wobei die Strukturen der Wortsprache ... den Ablauf bestimmen..."[234]. Menschen mit und ohne Hörbeeinträchtigung kommen sich bei einer Verwendung von LBG in ihren Bemühungen um Kommunikation und Interaktion auf halbem Wege entgegen. Ziel ist eine Beschleunigung und Verdeutlichung von Kommunikation, ohne den Weg über eine zweite Sprache mit einer eigenen Grammatik gehen zu müssen. In der Regel führt die kenntnisreiche Benutzung von LBG denn auch zu einer erheblichen Verbesserung der Verständigungssituation.[235] Denn: "Jede Gebärde, die Sie gebrauchen, ist ein Wort mehr, dass ich sicher verstehen kann."[236] Da nur einzelne Zeichen gelernt werden müssen, die Grammatik hingegen erhalten bleibt, kann LBG gut von Lehrern und (Mit-)Schülern bei Bedarf erlernt und in den integrativen Unterricht als unterstützendes Kommunikationssystem integriert werden.[237]

---

[231] Vgl. ebenda: 113.

[232] Vgl. z.B. MAISCH, G./WISCH, F.-H. (1987): *Gebärden-Lexikon 1: Grundgebärden.* Hamburg.

[233] Vgl. AHRBECK, B. (1992): *Gehörlosigkeit und Identität.* Hamburg: 13.

[234] RAMMEL, G. (1989): "Das lautsprachbegleitende Gebärdenverfahren – Aufgabenstellung und Probleme." In: BAUSCH, K.-H./GROSSE, S. (Hg.) (1989): *Spracherwerb und Sprachunterricht für Gehörlose. Zielsetzungen und Probleme.* Tübingen: 62. Zitiert nach: HEEG (1991). 94.

[235] Vgl. HEEG (1991): 95f.

[236] Nach PRILLWITZ, S. (1986): "Die Gebärde der Gehörlosen. Ein Beitrag zur Deutschen Gebärdensprache und ihrer Grammatik." In: PRILLWITZ, S. (Hg.): *Die Gebärde in Erziehung und Bildung Gehörloser.* Hamburg: 78.

[237] Vgl. HEEG (1991): 96. Nicht verschwiegen werden soll, dass die Verwendung von LBG seit einiger Zeit nicht mehr vorbehaltlos für gut befunden wird. Für nähere Informationen

4.7.2 Technische Hilfsmittel in Form von individuellen Hörhilfen

Der Zugang zur akustischen Welt erfolgt bei Menschen mit einer Hörbeein-trächtigung in unterschiedlichem Ausmaß über den Weg einer technischen Hörhilfe. Ihre Aufgabe ist es, den Nutzschall besser wahrnehmbar - also lau-ter - zu machen.[238]

In der einfachsten Vorstellung ist eine elektronische Hörhilfe ein Verstärker[239] und jede elektronische Hörhilfe besteht trotz zahlreicher individueller Unter-schiede aus folgenden Bestandteilen[240]:

- einem Mikrophon, das akustische Signale aufnimmt und in elektrische Schwingungen umwandelt,
- einem Verstärker, der das ankommende akustische Signal verstärkt. Die Energie hierfür stammt aus einer Stromquelle (Batterie),
- einem Regler, durch den die Stärke des akustischen Signals (also das Ausmaß der Verstärkung) geregelt werden kann,
- einem Hörer, der die elektrischen Schwingungen wieder in Schallschwin-gungen verwandelt, so dass sie vom Ohr aufgenommen werden können.

Bei technischen Hörhilfen wird unterschieden zwischen individuellen Hörhil-fen und Verstärkeranlagen[241], wobei der Vorteil individueller Hörhilfen darin

---

vgl. z.B. LIMBACH, A. (1991): *Von der 'Integration' der Gebärdensprache.* Frankfurt/M.: 110-118.

[238] Vgl. LEONHARDT (1999): 117. Die Wiederherstellung des Hörvermögens mit Hilfe ei-nes Hörgerätes ist durch das Auftreten der Schmerzschwelle nach oben hin begrenzt, denn anders als die Hörschwelle ist die Schmerzschwelle häufig nicht höher als bei guthö-renden Personen. Die Beachtung der Schmerzschwelle ist jedoch von besonderer Bedeu-tung, da ein auch nur kurzzeitig zu lauter Schalleindruck zu einer weiteren Schädigung des Gehörs führen kann. Die heute üblichen kleinen Geräte verstärken den Schalleindruck keineswegs ohne Verzerrungen und besitzen noch immer ein Eigenrauschen. Vgl. HEEG (1991): 72. Für die besondere Funktionsweise eines Cochlear Implantats vgl. Kapitel 5 dieser Veröffentlichung.

[239] Vgl. HEEG (1991): 71.

[240] Vgl. LEONHARDT (1999): 118.

besteht, dass sie leicht und klein sind und hierdurch den Betroffenen jederzeit und allerorts zur Verfügung stehen. Die häufigsten individuellen Hörhilfen sind die Hörgeräte. Hier muss unterschieden werden zwischen dem 'Hinter-dem-Ohr-Gerät' (kurz: HdO-Gerät) und dem 'Im-Ohr-Gerät' (kurz: idO-Gerät).

4.7.2.1 Das HdO-Gerät

Abbildung 6: Das HdO-Gerät.[242]

Es wird hinter der Ohrmuschel getragen, hat eine entsprechend gebogene Form und ist 3,5 – 6cm groß. Es handelt sich bei diesem Typ um die Hörgeräte-Bauform mit den meisten technischen Möglichkeiten für unterschiedliche Größen, individuelle Verstärkung und Klangauswahl, sowie Anschlussmöglichkeiten für Zusatzgeräte. Für den Einsatz im Unterricht stehen z.b. Audio-Anschlüsse für einen Anschluss an die Klassenhöranlage zur Verfügung. Zudem kann der maximale Ausgangsschalldruck begrenzt werden, d.h. Intensitätsspitzen wie z.B. Türknallen, Schreien u.ä. werden von dem Gerät abgeschnitten. Die Schallaufnahme erfolgt am Kopf und von vorne, so dass – sofern zwei Geräte getragen werden – eine Schalllokalisation möglich ist. Selbst bei Verwendung nur eines Gerätes ist - bei Drehung des Kopfes - eine gewisse Richtwirkung und Verbesserung der Raumorientierung zu erzielen.[243]

---

[241] Vgl. ebenda: 118. Im weiteren werden an dieser Stelle lediglich die individuellen Hörhilfen näher erläutert. Für Informationen über Bau und Funktionsweise einer Verstärkeranlage vgl. 9.2.4 dieser Veröffentlichung.

[242] Die Abbildung ist entnommen aus: http://www.brillen-riedel.de/Riedel_Hoerakustik/Produkteak/Horsysteme/horsysteme.html (Datum des Abrufs: 23.09.2003).

[243] Vgl. LEONHARDT (1999): 118f.

4.7.2.2 Das IdO-Gerät

Abbildung 7: Das IdO-Gerät.[244]

Diese Geräteform wird in der Ohrmuschel getragen und enthält alle technischen Merkmale eines HdO-Geräts. Hauptbestandteil ist das individuell angefertigte Ohrpassstück, in das die gesamte Elektronik ein- bzw. angebaut ist. Diese Geräte müssen vollkommen schalldicht im Gehörgang sitzen, da sonst wegen der unmittelbaren Nähe zwischen dem Mikrophon und Hörer eine akustische Rückkopplung entsteht. Der Höreindruck ist bei IdO-Geräten im Vergleich zu HdO-Geräten natürlicher, da sich das Mikrophon direkt am Ort der natürlichen Schallaufnahme befindet. Dadurch wird das Richtungshören verbessert, so dass z.B. unter der Einwirkung von Störschall das Sprachverständnis oft noch ausreichend ist. Auch die Klangqualität ist oft im Vergleich zu HdO-Geräten besser. Ein Nachteil dieser Geräte ist, dass die Verstärkung nicht so groß ist wie bei HdO-Geräten, der Hörverlust also für einen Einsatz dieser Geräteform nicht sehr groß sein darf.[245]

Ein Hörgerät vermag Qualität und Quantität der auditiven Eindrücke wesentlich zu verbessern, es bleibt aber auch bei optimaler Hörgeräteanpassung und -versorgung ein verändertes Hören.[246] Dies trifft für 'herkömmliche' Hörgeräte ebenso zu, wie bei einer Versorgung des Kindes mit einem Cochlear Implantat, dem Thema des nachfolgenden Kapitels.

---

[244] Die Abbildung ist entnommen aus: http://www.brillen-riedel.de/Riedel_Hoerakustik/Produkteak/Horsysteme/horsysteme.html (Datum des Abrufs: 23.09.2003).

[245] Vgl. LEONHARDT (1999): 120.

[246] Vgl. ebenda: 20.

5. Das Cochlear Implantat[247]

Das Cochlear Implantat ('CI') ist kein schallverstärkendes Hörgerät im herkömmlichen Sinne, sondern eine Innenohrprothese, die eine künstliche Stimulation des Hörnerven ermöglicht. Hierdurch erhalten Personen mit einer hochgradigen Schallempfindungsschwerhörigkeit und einem Hörverlust von ca. 80-120 dB auf beiden Ohren die Möglichkeit zu einem künstlich erzeugten Höreindruck. Bedingung ist, dass die Schwerhörigkeit auf die Zerstörung oder den Verlust der Haarzellen in der Cochlea zurück zu führen ist und nicht auf einer Schädigung des Hörnerven beruht.[248]

Erstmalig wurde ein Cochlear Implantat 1957 operativ eingesetzt. Die Hörempfindungen beschränkten sich damals auf Grillenzirpen, Knirschen oder Trillerpfeifen. Über ein Mikrophon waren einige Wörter verständlich wie 'Papa', 'Mama' und 'Hallo'. Durch intensives Üben ließ sich das Vokabular nur gering erweitern. Vorerst erfolgten nur Implantationen bei Erwachsenen und erst zu Beginn der 80er Jahre begann man, auch Jugendliche zu implantieren.[249]

Der Durchbruch bei der Durchführung von Cochlear Implantationen ist nach LEONHARDT Ende der 80er Jahre gelungen und erst 1988 wurde in Hannover das erste Mal ein Kleinkind im Alter von 1½ implantiert. Der Erfolg stellte sich

---

[247] Die Schreibweise 'Cochlear Implantat' bzw. 'Cochlea Implantat' wird in der Literatur nicht einheitlich verwendet. Der Übersichtlichkeit halber verwende ich für die Benennung des Implantats die Schreibung 'Cochlear Implantat'; wenn ich mich auf der medizinischen Ebene (der Gehörschnecke) befinde die im Duden verwendete Schreibweise 'Cochlea'. Vgl. WISSENSCHAFTLICHER RAT DER DUDENREDAKTION: *Duden. Fremdwörterbuch.* Mannheim: 151.

[248] Vgl. ELTERN HÖRGESCHÄDIGTER KINDER (2001): "Cochlear Implantat." Online im Internet: http://www.ich-hoere.de/cochle.htm (Datum des Abrufs: 16.08.2001). Bei 99% aller ertaubten bzw. gehörlosen Personen sind die Hörsinneszellen zerstört, der Hörnerv jedoch noch intakt. Dennoch leben diese Menschen häufig mit der Diagnose 'Hörnervenschaden', die in vielen Fällen jedoch falsch ist. Vgl. HANNOVERSCHE COCHLEAR-IMPLANT GESELLSCHAFT E.V. (O.J.).

[249] Vgl. LEHNHARDT, E. (1997): "Das Cochlear Implant von den Anfängen bis zur verlässlichen Hilfe." In: LEONHARDT, A. (Hg.): *Das Cochlear Implant bei Kindern und Jugendl i-chen.* München: 20.

zuerst nur zögerlich ein. Dennoch besucht das Kind heute die Allgemeine Schule und "...selbst Freunden der Familie fällt sie nicht als hörbehindert auf, sie spricht normal (Englisch) und lernt auch arabisch und deutsch zu sprechen und zu verstehen."[250]

Mit Gründung des Cochlear Implants Centrums (CIC) 1990 in Hannover stand die erste spezielle Nachsorgeeinrichtung für Träger eines Cochlear Implantats zur Verfügung. Zahlreiche weitere Gründungen an anderen Orten folgten. So z.B. 1997 in Berlin.[251]

Neben dem Vorhandensein eines intakten Hörnervs ist eine weitere Voraussetzung für die mögliche Implantation, dass das Kind mit einer angeborenen oder erworbenen hochgradigen Schwerhörigkeit "...eine angemessene Zeit Hörgeräte getragen hat und trotz optimaler Förderung keine Fortschritte in der Sprachentwicklung zu verzeichnen sind. ... Ausnahmen sind durch Meningitis ertaubte Kinder, die kurzfristig implantiert werden können."[252] Die Zeit um das Ende des zweiten Lebensjahres scheint Fachleuten für eine Implantation ideal zu sein.[253]

Für postlingual ertaubte Kinder spielt die Dauer der Gehörlosigkeit eine große Rolle. "Je kürzer die Ertaubung zurück liegt, desto größer sind die Chancen, dass das akustische Erinnerungsvermögen genutzt wird und die (vorhandene) Lautsprache erhalten bleiben kann."[254]

---

[250] Ebenda: 25ff.

[251] Vgl. BERLIN-BRANDENBURGISCHE COCHLEAR IMPLANT GESELLSCHAFT E.V. (o.J.): *Kurzinformation.*

[252] ELTERN HÖRGESCHÄDIGTER KINDER (2001).

[253] Vgl. HANNOVERSCHE COCHLEAR-IMPLANT GESELLSCHAFT E.V. (o.J.).

[254] LEONHARDT, A. (1997): "Das Cochlear Implantat bei Kindern und Jugendlichen. Ein Überblick." In: LEONHARDT, A. (Hg.): *Das Cochlear Implantat bei Kindern und Jugendl i-chen.* München: 17.

5.1 Aufbau und Funktionsweise

Es gibt zwar unterschiedliche Hersteller von CI-Systemen[255], dennoch ist allen ein grundsätzlicher Aufbau und das Funktionsprinzip gemeinsam[256] und Cochlear Implantate bestehen immer aus folgenden Komponenten:

⇐ Aus einer Empfängerspule mit einem Magneten, dem Empfänger-Stimulator und (bis zu 22+2) Elektroden als internem Teil sowie

Abbildung 8: Ein Implantat.[257]

⇨ der Sendespule, dem Mikrophon und dem Sprachprozessor als externem Teil.[259]

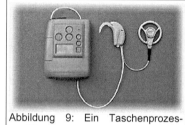

Abbildung 9: Ein Taschenprozessor.[258]

Die Implantation des Implantats erfordert etwa 7-10 Tage stationären Aufenthalt in einer Klinik. Bei der Operation wird dem Patienten das Implantat unter die Kopfhaut in das leicht ausgefräste Knochenbett implantiert, am Schädelknochen fixiert und der Elektrodenträger in die Cochlea eingeführt.[260] Die räumliche Anordnung der Elektroden innerhalb der Schnecke ist der natürli-

---

[255] Die drei größten sind Nucleus/Cochlear (Australien), Advanced Bionics/Clarion (USA) und MedEl (Österreich)Vgl. MEDIZINISCHE FAKULTÄT REGENSBURG, BEREICH HNO (o.J.): "Informationen zum Cochlear Implantat." Online im Internet: http://www.uni-regensburg.de/Fakultaeten/Medizin/HNO/ci/ci.htm (Datum des Abrufs: 23.09.2003).

[256] Vgl. ELTERN HÖRGESCHÄDIGTER KINDER (2001).

[257] Die Abbildung ist entnommen aus: MEDIZINISCHE FAKULTÄT REGENSBURG, BEREICH HNO (o.J.).

[258] Die Abbildung ist entnommen aus: ELTERN HÖRGESCHÄDIGTER KINDER (2001).

[259] Vgl. LEONHARDT (1997): 12.

[260] Vgl. COCHLEAR GMBH (2001): *Das Nucleus Cochlear Implant System. Sie fragen – wir antworten.* (o.O.): 3.

chen Tonhöhenverarbeitung des Innenohres angepasst.[261] Die einwandfreie Funktion des Implantates wird noch während der Operation geprüft.[262]

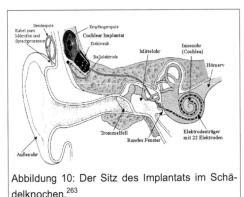

Abbildung 10: Der Sitz des Implantats im Schädelknochen.[263]

Beim Tragen des Cochlear Implantats sitzt das Mikrophon hinter der Ohrmuschel und findet somit die gleiche Platzierung wie ein HdO-Gerät. Die durch einen Magneten am Kopf gehaltene Sendespule befindet sich direkt über dem im Knochenbett sitzenden Implantat. Der Prozessor ist etwa Zigarettenschachtelgroß[264] und wird am Körper getragen. Mikrophon, Sendespule und Sprachprozessor sind durch dünne Kabel miteinander verbunden.[265]

Die Funktionsweise eines Cochlear Implantats soll im Folgenden schematisch dargestellt und kurz erläutert werden.[266]

---

[261] Eine Reizung über die vorderste Elektrode löst den Eindruck eines tiefen Tons aus, während die hintersten Elektroden am unteren, breiten Ende der Hörschnecke die Hochtoneindrücke vermitteln. Vgl. MEDIZINISCHE FAKULTÄT REGENSBURG, BEREICH HNO (o.J.).

[262] Vgl. ELTERN HÖRGESCHÄDIGTER KINDER (2001).

[263] Die Abbildung ist entnommen aus: MEDIZINISCHE FAKULTÄT REGENSBURG, BEREICH HNO (o.J.).

[264] Seit 1997 gibt es auch Sprachprozessoren, die die Größe und Optik eines HdO-Gerätes übernommen haben. Sie werden komplett hinter der Ohrmuschel getragen und sind optisch nicht von einem normalen Hörgerät zu unterscheiden. Diese werden zunehmend häufiger auf für einen Einsatz bei Kindern verwendet. Vgl. COCHLEAR GMBH (2001): 4.

[265] Vgl. ebenda: 4.

[266] Vgl. ebenda: 4.

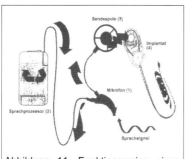

1. Das Mikrophon des Sprachprozessors empfängt dem Schall aus der Umgebung.
2. Dieser Schall wird von einem eingebauten Chip des Sprachprozessors in einen speziellen elektrischen Code umgewandelt.
3. Diese kodierten Signale werden an die Sendespule weitergegeben.

Abbildung 11: Funktionsweise eines Cochlear Implantats – schematisch.[267]

4. Die Sendespule überträgt das kodierte Signal durch die intakte Haut an den implantierten Empfänger-Stimulator. Die Sendefrequenz dient gleichzeitig der Stromversorgung des Implantats.[268]
5. Das Implantat entschlüsselt jetzt das Signal und wandelt es in einen elektrischen Impuls um, der über eine Kabelverbindung zu dem Elektronenbündel in die Cochlea gelangt.
6. Die Elektroden stimulieren den Hörnerv, der dann das erhaltene Signal an das Gehirn weiterleitet. So wird ein Höreindruck wahrgenommen.

5.2 (Erst-)Anpassung des Sprachprozessors und therapeutische Betreuung

Nach der Wundheilung erfolgt das Vortraining[269] auf die spätere Erstanpassung des Sprachprozessors. Nach zwei bis sechs Wochen kann mit der Erstanpassung begonnen werden[270] und erst hiernach ist das Kind akustisch erstmalig an seine Umwelt angekoppelt und in der Lage, Hörerfahrungen wahrzunehmen. Der Anpassungsprozess findet über einen Zeitraum von

---

[267] Die Abbildung ist entnommen aus: KESSLER, A. (2000): *'Lukas' oder: unser Weg zum CI.* Idstein: 80.

[268] Vgl. MEDIZINISCHE FAKULTÄT REGENSBURG, BEREICH HNO (o.J.).

[269] Das Vortraining hat die Aufgabe, die Kinder in spielerischer Form mit der Handhabung des Sprachprozessors und des HeadSets vertraut zu machen. Außerdem erfolgt ein erstes kennen lernen der Räumlichkeiten und Geräte, die für die Anpassung erforderlich sind, aber auch derjenigen Personen, die etwa drei Wochen nach der Entlassung aus der Klinik an derselben beteiligt sind. Vgl. LEONHARDT (1997): 13f.

[270] Vgl. ELTERN HÖRGESCHÄDIGTER KINDER (2001).

mehreren Jahren in zahlreichen Sitzungen in unterschiedlichen Intervallen statt.[271]

5.3 Welche Ziele werden mit der Implantation eines Cochlear-Implantats angestrebt?

Zielaspekt der Operateure und Wunsch und Hoffnung der Eltern ist die Möglichkeit zur Perzeption und Produktion von Lautsprache.[272] Aber auch ein Cochlear Implantat stellt kein Wundermittel dar, welches "aus einem tauben (gehörlosen) Kind ein hörendes und sprechendes (macht), sondern 'nur' ein 'hochgradig schwerhöriges'."[273]

Richtig scheint jedoch zu sein, dass ein Cochlear Implantat bei Kindern häufig einen guten Höreindruck über das gesamte Frequenzspektrum ermöglicht.[274] Dennoch muss man sich, um eine realistische Erwartungshaltung aufzubauen und einer Überforderung von Kind, Eltern und Pädagogin vorzubeugen, immer wieder bewusst machen, dass auch das Gehör eines guthörenden Kindes erst nach längerer Zeit zu seiner vollen Differenzierungsleistung gelangt. Obgleich die Versorgung mit einem CI durch Hörerziehung und therapeutische Beratung und Betreuung von Kind und Eltern unterstützt wird[275], dauert es, bis sich in den erfolgreichen Fällen ein merklicher Gewinn für die Perzeption und Produktion von Lautsprache einstellt.[276] Selbst sehr früh versorgte Kinder verfügen in der Regel aus diesem Grund bei Schuleintritt nicht über ein altersangemessenes perzeptives und expressives Sprachvermögen. Dennoch wird die Hoffnung der Eltern in vielen Fällen auf längere Sicht durchaus erfüllt.[277] Geht LEHNHARDT 1997 noch von einem Anteil von 25% der CI versorgten Kinder aus, die ein offenes Sprachverstehen erwerben[278], erreichen die Kinder im CI-Centrum Rhein-Main nach 2,5 Jahren Ha-

---

[271] Vgl. COCHLEAR GMBH (2001): 9-13.

[272] Vgl. ebenda: 15.

[273] Vgl. OHREN-HALS-NASENKLINIK DES UNIVERSITÄTSSPITALS ZÜRICH (o.J.).

[274] Vgl. ELTERN HÖRGESCHÄDIGTER KINDER (2001).

[275] Vgl. COCHLEAR GMBH (2001): 9-13.

[276] Vgl. OHREN-HALS-NASENKLINIK DES UNIVERSITÄTSSPITALS ZÜRICH (o.J.).

[277] Vgl. hierzu auch 7.5 dieser Veröffentlichung.

[278] Vgl. LENHARDT (1997): 28.

bilitation zu etwa 35% ein offenes und zu etwa 45% ein situatives Sprachverständnis. Im Berliner CI-Centrum wird sogar – 2,5 Jahre nach Implantatver-
sorgung - bei ca. 50% der Kinder ein offenes Sprachverständnis und bei ca.
35% ein situatives Sprachverständnis erzielt.[279] "Die Anzahl der Kinder, die
trotz einer gravierenden Hörschädigung Regel- oder Integrationseinrichtun-
gen besuchen können, zeigt ebenfalls an, dass sowohl die CI Versorgung als
auch die Habilitation diesen Kindern einen großen Nutzen bringen."[280] Optimal versorgte CI-Träger sind denn auch in ihrem sprachlichen Verhalten unter guten Bedingungen (also z.B. in einer kleinen Gruppe und bei geringem
Störschallaufkommen) kaum von Guthörenden zu unterscheiden.[281] Aber
auch in den Fällen, wo es zu keinem offenen Sprachverstehen kommt, wird
das Wahrnehmen von Klängen und Geräuschen häufig als etwas sehr Positives betrachtet. Dem Kind wird hierdurch "eine Orientierung in der Umwelt er-
leichtert und diese unterstützt."[282]

5.4 Träger eines Cochlear Implant ats - gehörlos, schwerhörig oder ...?
Zur Frage der kulturellen Identität und der Verwe   ndung sprachlicher
Mittel

Immer mehr Kinder mit einer hochgradigen Hörbeeinträchtigung ab einem
Hörverlust von ca. 80 dB werden immer früher mit einem Cochlear Implantat
versorgt, besuchen aufgrund dessen eine Regelschule und werden hier (z.T.
unter Zuhilfenahme sonderpädagogischer Unterstützung) integrativ (lautsprachlich und meist ohne Verwendung von Deutscher Gebärdensprache)
beschult.[283] Lautsprache ist das Ziel, auf das hingearbeitet wird, lautsprachli-

---

[279] Vgl. BERGER, K. (2001): "Aspekte der Arbeit im CIC Berlin-Brandenburg – Werner Otto Haus." In: Berlin Brandenburgische Cochlear Implant Gesellschaft e.V. (Hg.): *Informationsheft*. Heft 10: 14.

[280] So besuchen 13% der Kinder das Förderzentrum für Gehörlose, 17% das Förderzentrum für Schwerhörige, 32% eine Integrationseinrichtung und 38% eine Regeleinrichtung.
Vgl. ebenda: 14.

[281] Vgl. MEDIZINISCHE FAKULTÄT REGENSBURG, BEREICH HNO (o.J.).

[282] LEONHARDT (1997): 15.

[283] Vgl. ILENBORG, R. (o.J.): "CI – gehörlos, schwerhörig oder ...? Zusammenfassung der
Aussage   von   Salz."   Online   im   Internet:
http://www.gehoerlosenseelsorge.de/dafeg/hearing/meinung.htm (Datum des Abrufs:
13.07.2001).

che Kultur die Bezugsnorm. Die Gehörlosenkultur mit der Verwendung der Deutschen Gebärdensprache besitzt in der Regel keinen besonderen Stellenwert, da in Fachkreisen davon ausgegangen wird, dass früh versorgte Kinder unter optimalen Bedingungen sowohl perzeptiv als auch expressiv lautsprachlich orientiert sind und bereits mit sechs oder acht Jahren wissen, dass sie "zu den Hörenden gehören und in der Hörenden Schule unterrichtet werden"[284] Die frühzeitige Versorgung mit einem CI weist nach LEONHARDT denn auch in die konträre Richtung der Gehörlosen- und Gebärdensprachbewegung.[285]

Es gibt jedoch auch andere Stimmen, die davon ausgehen, dass auch frühzeitig rehabilitierte Kinder sich Jahre später z.T. doch für ein Leben als Gehörlose entscheiden[286] und eine einseitige Ausrichtung auf Lautsprache den Identitätskonflikt, in dem sich die Träger eines Cochlear Implantats befinden, noch verschärft. So führt denn GOTTHARDT einige psychische Erkrankungen in ihrer Praxis auf den Sprachkonflikt bei Trägern eines Cochlear Implantats zurück.[287]

Geht man als Ausgangsbasis der Betrachtung, welche Kultur Bezugsnorm sein sollte und welche Sprachform im (auch schulischen) Umgang die angemessene ist, von der Situation vor der Implantation aus, würden die meisten Kinder ohne CI-Versorgung zu hochgradig schwerhörigen bzw. gehörlosen Erwachsenen heranwachsen.[288] Einige von ihnen würden sich - spätestens

---

[284] Vgl. ILENBORG, R. (o.J.): "CI – gehörlos, schwerhörig oder …? Zusammenfassung der Aussage von Lehnhardt." Online im Internet: http://www.gehoerlosenseelsorge.de/dafeg/hearing/meinung.htm (Datum des Abrufs: 13.07.2001).

[285] Vgl. LEONHARDT (1999): 139.

[286] OHREN-HALS-NASENKLINIK DES UNIVERSITÄTSSPITALS ZÜRICH (o.J.).

[287] Vgl. ILENBORG, R. (o.J.): "CI – gehörlos, schwerhörig oder …? Zusammenfassung der Aussage von Gotthardt." Online im Internet: http://www.gehoerlosenseelsorge.de/dafeg/hearing/meinung.htm (Datum des Abrufs: 13.07.2001).

[288] Vgl. ILENBORG, R. (o.J.): "CI – gehörlos, schwerhörig oder …? Zusammenfassung der Aussage von Zeh." Online im Internet:

im Erwachsenenalter[289] - der Gehörlosengemeinschaft zugehörig fühlen und sich in ihrem Selbstverständnis als eine sprachliche Minderheitengruppe mit Benutzung der Deutschen Gebärdensprache - definieren.[290] Die Gehörlosengemeinschaft wendet sich denn auch sowohl gegen die Versorgung mit einem CI als auch gegen die Anbindung an die Sprache und Kultur der Guthörenden. Sie sind gegen die rein medizinisch orientierte Sichtweise auf das Phänomen Gehörlosigkeit, die ihre Kultur aus ihrer Sicht als eine Kultur des Mangels abklassifiziert. "Ihre Sprache, die Gebärdensprache, soll nun (wieder einmal) ein bloßer Behelf sein ... wenn ärztliche Kunst versagt."[291]

Meiner Ansicht nach, muss nach – auch sprachlichen – Lösungen für den Einzelnen gesucht werden. Dazu gehört, dass man bei denjenigen Kindern, die im Verlaufe ihrer sprachlichen Entwicklung kein ausreichendes Lautsprachverständnis erwerben, auf visuelle Hilfsmittel zurück greift, um sowohl die Kommunikation, als auch eine Informationsaufnahme zu erleichtern. Dies scheint umso mehr geboten, als dass es bislang keinen wirklichen *Beweis* dafür gibt, dass die Gebärdensprache die Lautsprachanbahnung verhindern

---

http://www.gehoerlosenseelsorge.de/dafeg/hearing/meinung.htm (Datum des Abrufs: 13.07.2001).

[289] Viele Menschen mit einer Hörbeeinträchtigung beginnen im Alter von ca. 20 Jahren, sich intensiv mit der eigenen Hörbeeinträchtigung auseinander zu setzen. Vgl. WEBER (1995): 54. Aus diesem Grund erscheint es plausibel, dass eine Orientierung zur Gehörlosen- bzw. Schwerhörigengemeinschaft auch erst in diesem Alter stattfindet. Auf den Umstand, dass Schwerhörige für viel Fachleute keine kulturelle Gemeinschaft im eigentlichen Sinne sind, kann an dieser Stelle nicht eingegangen werden. Vgl. für nähere Informationen HOLLWEG (1999): 34 ff.

[290] Vgl. ebenda: 34.

[291] ILENBORG (o.J.): "Meine Meinung..." Online im Internet http://www.gehoerlosenseelsorge.de/dafeg/hearing/meing.htm (Datum des Abrufs: 13.07.2001).

würde.[292] Ohne die unterstützende Verwendung visueller Hilfsmittel könnte es mit einem CI versorgten Kindern ergehen wie schwerhörigen[293] Personen:

"Schwerhörig sein bedeutet 'Ja' sagen, auch wenn man nichts verstanden hat. ... Schwerhörigen entgeht viel an Kommunikation. Schwerhörigkeit bedeutet, immer in Spannung, mit den Defiziten zu leben, dabei zu sein – und doch draußen zu sein. Gehörlose haben es einfacher, sie können untereinander entspannt kommunizieren. Als Schwerhöriger ist man nur an der Welt der Hörenden orientiert, aber gehört doch nicht dazu. ... Auch wenn Schwerhörige untereinander sind, klappt die Kommunikation nicht – man kommuniziert über die Lautsprache. Die Kommunikation mit den Gehörlosen klappt nicht aufgrund der fehlenden Gebärdenkompetenz."[294]

Und an anderer Stelle heißt es weiter:

"Sobald die mit modernster Technik rehabilitierten Kinder die schützende Umgebung ihrer Familien und Schulen verlassen haben werden, werden sie vor Missverständnissen in der Verständigung mit Hörenden, die allen Gehörlosen und hochgradig Schwerhörigen das Leben so schwer machen, ebenso wenig gefeit sein wie Gehörlose. Auch sie werden mit dem Irrglauben uninformierter Guthörender konfrontiert werden, dass es den Schwerhörigen an geistigen Fähigkeiten zur besseren Kommunikation mangle. Die Hektik des modernen Berufslebens macht je länger je weniger Unterschiede zwischen den verschiedenen Stufen der hochgradigen Hörbehinderung. Das 'Leben in zwei Welten', die Suche nach Kontakt mit gleichartig Behinderten, um den Belastungen des Alltags unter lauter Hörenden zu entrinnen, wird deshalb auch für manche CI-Kinder zur Erfahrung werden."[295]

---

[292] Vgl. ILENBORG, R. (o.J.): CI – gehörlos, schwerhörig oder ...? Zusammenfassung der Aussage von Günther. Online im Internet: http://www.gehoerlosenseelsorge.de/dafeg/hearing/meinung.htm (Datum des Abrufs: 13.07.2001).

[293] Mir wurde zudem in zahlreichen Gesprächen mit Personen, die erst relativ spät im Verlaufe ihrer Biographie ertaubt sind, von ähnlichen Situationen berichtet.

[294] Vgl. ILENBORG, R. (o.J.): CI – gehörlos, schwerhörig oder ...? Zusammenfassung der Aussage von Becker. Online im Internet: http://www.gehoerlosenseelsorge.de/dafeg/hearing/meinung.htm (Datum des Abrufs: 13.07.2001).

[295] OHREN-HALS-NASENKLINIK DES UNIVERSITÄTSSPITALS ZÜRICH (o.J.).

Solche Szenarien sind nicht einfach von der Hand zu weisen. Dennoch gewinnt man an vielen Stellen der Diskussion den Eindruck, dass sich hier – auf anderer Ebene – Verfechter des lautsprachlichen Verfahrens mit denen des gebärdensprachlichen Verfahrens[296] *über die Köpfe der betroffenen Kinder hinweg* 'beharken'. Die Situation implantierter Erwachsener lässt sich nicht ohne weiteres auf die Situation bei früh implantierten Kindern übertragen. Auch gibt es 'den CI-Träger' genauso wenig, wie es 'den Schwerhörigen' oder 'den Gehörlosen' gibt. Somit kann es auch keine Patentlösungen geben. Wünschenswert wäre eine Flexibilität und Freiheit in der Wahl der Mittel, zugeschnittene Lösungen auf den Einzelnen. Dies scheint umso mehr geboten, als dass es nach der relativ kurzen Zeit, seit der es Cochlear Implantationen bei Kleinkindern gibt, meiner Ansicht nach zu früh ist, auf der Richtigkeit der Einen oder Anderen Meinung zu beharren. Auskunft über das individuelle Zugehörigkeitsgefühl können uns die betroffenen Kinder geben, wenn sie in ein entsprechendes Alter erreicht haben.[297]

Die Eltern betroffener Kinder sollten bei einer derart geführten Diskussion immer bedenken, dass ihre eigene Kommunikation mit dem Kind erste Priorität haben muss und dass sie das Recht, aber auch die Pflicht haben, selbst und unbeeinflusst zu entscheiden, wie diese - zum Wohle der Eltern-Kind-Beziehung, aber auch mit Blick auf das zukünftige Leben in unserer Gesellschaft - stattfinden soll. Sie haben denn auch, falls sie damit allein nicht zurecht kommen, Anrecht auf Beratung, therapeutische Unterstützung und Kon-

---

[296] Vgl. hierfür auch 2.4 dieser Veröffentlichung.

[297] Es ist jedoch zu vermuten, dass zumindest diejenigen Kinder, die eine gute Hör- und Sprachkompetenz erwerben, sich kulturell an die hörende Gesellschaft gebunden fühlen, diejenigen, die ein situatives Sprachverständnis erwerben, sich in einer ähnlich schwierigen Situation wie Schwerhörige, was ihr kulturelles Zugehörigkeitsgefühl angeht, befinden werden. CI-Träger, die weder ein offenes noch ein situatives Sprachverständnis ausbilden, werden sich höchstwahrscheinlich aufgrund der unbeschwerteren Kommunikationsmöglichkeiten der Gehörlosengemeinschaft zuwenden. Ob dies so eintritt, bleibt jedoch Spekulation und kann von Person zu Person denn auch – unabhängig von Hör- und Sprachvermögen - unterschiedlich ausfallen.

takt mit anderen Eltern, um bei der Entscheidungsfindung eine Hilfe zu bekommen.[298]

Und eine Schule für *alle* Kinder sollte in die Situation versetzt werden, den
von der Familie eingeschlagenen Weg nach Kräften durch einen integrativen
Unterricht zu unterstützen.[299]

---

[298] Z.B. in einer Selbsthilfegruppe im CI-Centrum.

[299] Bleibt abschließend noch zu bedenken, dass auch ein erfolgreich mit einem Cochlear
Implantat versorgtes Kind weiterhin als hochgradig hörbeeinträchtigt eingestuft wird. Diese
- in verschiedenen Gerichtsurteilen getroffene - Feststellung berücksichtigt den Umstand,
dass ein Funktionsausfall oder eine leere Batterie des Sprachprozessors, aber auch eine
Ablösung der Kopfspule den Patienten jederzeit in den Zustand vollständiger Stille zurück-
versetzen kann. Selbst bei einer optimalen Rehabilitation, mit dessen Hilfe ein offenes
Sprachverständnis erreicht werden konnte, wird das Kind unter bestimmten Bedingungen,
z.B. wegen der noch immer in der Regel monoauralen Versorgung bzw. der mangelhaften
Störschallunterdrückung in geräuschvoller Umgebung, Schwierigkeiten im Verstehen be-
kommen und sich seiner Hörbeeinträchtigung besonders bewusst sein. Vgl. MEDIZINI-
SCHE FAKULTÄT REGENSBURG, BEREICH HNO (o.J.).

6. Auswirkungen einer Hörbeeinträchtigung auf Kommunikation und Interaktion

Bereits eine leichtgradige Hörbeeinträchtigung kann die Interaktion erschweren, zu einem erschwerten Spracherwerb und einer auffälligen Sprechweise führen und im Extrem die Behinderung des von ihr Betroffenen zur Folge haben.[300] Diesem Problemkomplex werde ich mich auf den folgenden Seiten widmen. Begonnen wird mit der Darstellung der kommunikativen Besonderheiten bei Vorliegen einer Hörbeeinträchtigung. Im Anschluss hieran werden psychische und soziale Probleme dargelegt, die aus einer Hörbeeinträchtigung erwachsen können.

6.1 Kommunikative Aspekte einer Hörbeeinträchtigung

Das Phänomen Hörbeeinträchtigung setzt sich aus verschiedenen Schädigungsarten des Gehörs unterschiedlichen Ausmaßes zusammen.[301] Eine Schallempfindungsschwerhörigkeit wirkt sich hierbei - sowohl auf die Artikulation als auch auf das Sprachverständnis und den Spracherwerb - in stärkerem Maße auf das (Er-)Leben eines Betroffenen aus als eine Schallleitungsschwerhörigkeit. Diesem Umstand trage ich Rechnung, indem ich mich in meinen Ausführungen auf sprachliche Besonderheiten bei Vorliegen einer Schallempfindungsschwerhörigkeit beschränke. Zumindest periphere Kenntnisse seitens der Pädagogin erleichtern sowohl die Interaktion und Kommunikation mit dem Kind, sind aber auch die Grundlage für individuelle Förderangebote im sprachlichen Bereich.

6.1.1 Charakteristische Sprachmerkmale

Die Folgen einer Schallempfindungsschwerhörigkeit für die Sprachbildung sind individuell sehr unterschiedlich, richten sich aber u.a. danach, wie groß der von dem Hörverlust betroffene Formantenbereich ist. So werden Zischlaute und Vokale aufgrund der eingeschränkten Kontrollfunktion des Gehörs oft falsch gebildet und die Lautbildung klingt häufig verwaschen. Die Sprechweise zeigt oft eine fehlende oder falsche rhythmisch und dynamisch-

---

[300] Vgl. DING, H. (1983): "Erziehung Hörgeschädigter unter dem Aspekt ihrer sozialen Integration." In: *Vierteljahresschrift für Heilpädagogik und ihre Nachbargebiete.* Heft 2: 246.
[301] Vgl. 4.5 dieser Veröffentlichung.

melodische Akzentuierung und dies hat eine Verringerung der Sprechver-
ständlichkeit zur Folge. In lautsprachlichen Äußerungen fehlen häufig die für
die sozial-kommunikativen Beziehungen wesentlich prosodischen Merkmale
und die pragmatische Wirkung verringert sich. Nach LEONHARDT lässt sich zusammenfassend sagen, dass es zu einer mangelhaften Beherrschung des
phonologischen Systems der Sprache kommen kann.[302]

6.1.2 Entwicklung des Wortschatzes

Der individuelle (aktive und passive) Wortschatz kann (in Abhängigkeit von
verschiedenen Faktoren wie Ausmaß der Hörschädigung, soziales Umfeld
und Qualität der Frühförderung) gegenüber dem gleichaltriger guthörender
Kinder in mehr oder weniger großem Umfang eingeschränkt sein.

Zum sicheren Wortschatzbesitz gehören in der Regel Substantive, aber auch
Verben mit inhaltlichem Bezug auf erlebte oder vorstellbare Vorgänge und
Handlungen. Größere Schwierigkeiten bereitet das Aneignen abstrakter Begriffe. Zu den Wortarten die am häufigsten fehlen oder fehlerhaft angewendet
werden zählen Adverbien, Präpositionen und Konjunktionen, da sie Träger
von Beziehungsbedeutungen sind, die sich nicht unmittelbar veranschauli-
chen lassen.

Neben einem begrenzten Wortschatz ist jedoch auch eine falsche Wortwahl
zu beobachten. Diese ist auf das unzureichende Erfassen der Wortbedeutung
zurückzuführen.[303]

6.1.3 Entwicklung des Sprachformenschatzes

Grammatische Formen und syntaktische Strukturen werden oft nur unter großen Schwierigkeiten erlernt. Gerade unbetonte Teile der Lautsprache gehen
oft verloren. Diese sind jedoch häufig grammatische Morpheme, die für das
Erfassen von sachlichen Beziehungen und Sinnzusammenhängen bedeutsam sind. Auch eine Unsicherheit bei der Deklination von Substantiven und
der Konjugation von Verben ist zu beobachten. Syntaktische Strukturen wer-

---

[302] Vgl. LEONHARDT (1999): 74f.
[303] Vgl. ebenda: 75.

den vielfach vereinfacht – oder unvollständig – dargeboten.[304] Zu beobachten ist weiterhin, dass der Wort- und Sprachformenschatz meist weniger aktiv angewendet wird. Ursache hiervon ist, dass die erlernten Sprachformen nicht bzw. nicht ausreichend verinnerlicht werden. Ein automatisierter Sprachgebrauch ist somit nicht gewährleistet.[305]

6.1.4 Sinnentnahme aus Gesprochenem und Geschriebenem

Die Auffälligkeiten im Wort- und im Sprachformenschatz führen zu Schwierigkeiten bei der Sinnentnahme sowohl gesprochener Lautsprache, aber auch aus Texten. KLANN-DELIUS geht denn auch davon aus, dass "...gehörlose und schwerhörige Kinder ... trotz intensiver Unterweisung meist nur ein rudimentäres Verständnis ihrer Muttersprache..."[306] entwickeln. Selbst bei dem Vorhandensein einer guten technischen Leseleistung und der Verwendung von bekanntem Wortmaterial haben die Kinder häufig erhebliche Schwierigkeiten bei der Sinnentnahme aus Sätzen und größeren Spracheinheiten. Die interindividuellen Schwankungen bei den Leistungen sind zudem unvergleichlich höher als bei guthörenden Kindern.[307]

6.2 Psychische und soziale Probleme als Folge einer Hörbeeinträchtigung

Obgleich die sehr grobe Bezeichnung 'hörbeeinträchtigt' ganz unterschiedliche Individuen mit sehr vielfältigen Schädigungen des Hörorgans 'zusammenfasst' und die Unterschiede bei weitem die Gemeinsamkeiten überwiegen, gibt es – neben der allen gemeinsamen auditiven Minderleistung des Hörsinns - weitere Parallelen.

---

[304] Zur Erinnerung: Guthörende Kinder erlernen die verschiedenen Flexionsformen und die syntaktische Strukturierung unterschiedlicher Satzmuster weitgehend beiläufig auf imitativem Wege in kommunikativen Handlungen. Einem Kind mit einer Schallempfindungsschwerhörigkeit müssen solche Strukturen oft jedoch ganz bewusst vermittelt werden. Vgl. ebenda: 75f.

[305] Vgl. ebenda: 75f.

[306] Klann-Delius, G. (1999): *Spracherwerb*. Stuttgart – Weimar: 80.

[307] Vgl. Leonhardt (1999): 76.

Die Persönlichkeitsentwicklung eines Menschen mit einer Hörbeeinträchtigung wird durch eine veränderte Umwelterfahrung und veränderte Sozialbeziehungen geprägt[308] und es kommt nach einer Untersuchung von RICHTBERG/BOCHNIK[309] bei jedem fünften zu sozialen Konflikten innerhalb der Familie und jeder dritte berichtet über Probleme am Arbeitsplatz und bei Behördengängen.[310]

Ob und in welcher Tragweite aus einer Hörbeeinträchtigung heraus psychosoziale Folgen auftreten - die aus der Be*einträchtigung* eine Be*hinderung* machen - hängt zwar von zahlreichen Faktoren ab[311], dennoch scheinen Betroffene unter drei sozialen Problemen besonders zu leiden:

- sie bemängeln das fehlende Angenommensein ihrer Person[312],
- erleben häufig in der von Lautsprache als Norm geprägten Umwelt massive Kommunikationsprobleme[313] und
- sie leiden unter einer mangelnden Selbstakzeptanz.[314]

---

[308] Zu nennen wären hierbei z.B. bei Kindern Trennungs- und Isoliertheitserlebnisse in der Dunkelheit durch Ausfall der auditiven Kommunikationsmöglichkeit, der geringere Aufforderungscharakter des kindlichen Spielzeugs, der Mangel an rhythmisch-musikalischer Teilhabe, aber auch das Fehlen sprachlicher Mittel für die kleinkindliche Aggressionsabfuhr etc. Vgl. MÖLLER-MARKO, M. (1980): *Das schwerhörige Kind: Auswirkungen einer Hörbehinderung auf die psycho-soziale und kognitive Entwicklung.* Rheinstetten: 41.

[309] RICHTBERG, W./BOCHNIK, H.J. (1978): "Zur psychischen und sozialen Situation hörbehinderter Menschen." In: GEWALT, D. (Hg.): *Seelsorge und Diakonie im Dienste der Schwerhörigen und Ertaubten.* Nordhorn: 36 – 55. Nach: DING (1983): 245.

[310] Vgl. DING (1983): 245.

[311] Dass sich die ökosystemische Sichtweise in bestimmten Fachkreisen noch nicht durchgesetzt hat, wird deutlich, wenn man die angeführten Faktoren betrachtet, aufgrund dessen aus einer Beeinträchtigung eine Behinderung entstehen kann. Zu finden sind Angaben wie Art und Ausmaß der Schädigung, Zeitpunkt des Schadenserwerbs, das Vorhandensein einer oder mehrerer weiterer Beeinträchtigungen, die sozialen Entwicklungsbedingungen, die individuelle Kommunikationsbereitschaft, die Lautsprachkompetenz und die vorhandene Selbstakzeptanz des Einzelnen. Vgl. LEONHARDT (1999): 68. Ebenso WEBER (1995): 54.

[312] Vgl. DONATH, P. (1995): "Soziale Probleme gehörloser, schwerhöriger und ertaubter Jugendlicher." In: *hörgeschädigte kinder.* Heft 2: 52.

[313] Vgl. Ebenda: 52.

Sprache ist die Basis für eine zwischenmenschliche Kommunikation. Durch sie werden Informationen übermittelt und es findet ein Austausch über Gedanken und Gefühle statt. Voraussetzung für einen gelingenden Austausch ist, dass die an einem Gespräch Beteiligten über eine gemeinsame Sprache verfügen und alle Beteiligten deren rezeptive und expressive Seite beherrschen.[315]

In unserer Gesellschaft ist Lautsprache Basis und Norm für einen derartigen Austausch; das Ohr gilt als 'Tor der Seele'.[316]

Bei Menschen mit einer Hörbeeinträchtigung ist die auditive Wahrnehmungsfähigkeit eingeschränkt und sie besitzen aus diesem Grunde in der Regel nur beschränkte expressive Möglichkeiten für einen lautsprachlichen Austausch, der jedoch die Basis für den Umgang mit Guthörenden ist. Klang, Artikulation und Rhythmus der Stimme stellen eine Abweichung von der kommunikativen Norm dar[317], auf die von Seiten der Guthörenden oft mit unbewussten Aversionsgefühlen gegenüber der Kommunikationssituation reagiert wird.[318]

Um einem Gespräch mit zahlreichen Themenwechseln folgen zu können, sind Menschen mit einer Hörbeeinträchtigung z.T. auf wiederholtes Nachfragen angewiesen[319] und geben u.U. dennoch nicht in den Kontext passende (also 'falsche') Antworten. Missverständnisse sind die Folge, die einen rei-

---

[314] Vgl. WEBER (1995): 55. Ebenso DING (1983): 245.

[315] Vgl. LÖWE (²1989): 30.

[316] Vgl. MÖLLER-MARKO (1980): 39.

[317] Vgl. FABERT, J.M./WEBER, A.A. (1986): "Soziale Integration. Eine orientierende soziologische Untersuchung an einer Gruppe von Hörgeschädigten aus Sint Michielsgestel." In: PRILLWITZ, S. (Hg.): Internationale Arbeiten zur Gebärdensprache und Kommunikation Gehörloser. Bd. 1. Hamburg: 15. Vgl. HEEG (1991): 69f.

[318] Vgl. WEBER, H.U. (1987): "Was sind mögliche Ursachen von Enttäuschungen in der Beziehung zum hörgeschädigten Menschen und wie kann damit umgegangen werden?" In: Hörgeschädigtenpädagogik. Heft 5: 275.

[319] Häufig wird jedoch nicht nachgefragt um nicht aufzufallen. Was bleibt ist die Unsicherheit, nicht oder falsch zu verstehen, was einen enormen Stress in kommunikativen Situationen mit Guthörenden zur Folge hat. Vgl. WEBER (1995): 55.

bungslosen Fortgang der kommunikativen Interaktion verhindern.[320] Das Ergebnis hiervon sind Kommunikationsprobleme, die gerade Menschen, die keine oder wenig Information über Hörbeeinträchtigungen haben, zu einem Abbruch der Kommunikationssituation bringen können. Damit einher geht oft eine soziale Abwertung des Individuums, da sein Verhalten falsch interpretiert wird: "Es wird nicht in den Zusammenhang gebracht mit einer Hörschädigung, sondern mit 'angenommenen' abweichenden Persönlichkeitsmerkmalen."[321]

Eine Person, die über einen geringeren Wortschatz und eine als unüblich empfundene Artikulation verfügt, wird zudem schnell als wenig intelligent eingeschätzt. Ein akustisches Nichtverstehen wird mit einem inhaltlichen Nichtverstehen gleichgesetzt. Und wenig intelligent wirkende Menschen eignen sich oft nicht als adäquate Gesprächs- und Interaktionspartner. Ein Mensch mit einer Hörbeeinträchtigung läuft demnach Gefahr, dass die Kontakte mit ihm – sofern sie überhaupt eingegangen wurden - vermehrt abgebrochen werden und er in eine soziale Isolation innerhalb der Welt der Guthörenden gerät.[322]

Aber auch ein Öffentlichmachen der Beeinträchtigung stellt in vielen Fällen keine Lösung aus diesem Isolationskreislauf dar. Weisen Betroffene auf ihre Hörbeeinträchtigung hin, erleben sie oft, dass die Rücksichtnahme ihrer Gesprächspartner bald wieder nachlässt oder diese irritiert sind, wenn ihnen ihr Gegenüber während der gesamten Kommunikationsdauer direkt in das Gesicht (genauer gesagt: auf den Mund) blickt. Guthörende ziehen sich aus für sie derart unangenehmen Gesprächssituationen häufig schnell zurück. Und Menschen mit einer Hörbeeinträchtigung erleben (wieder einmal?!), dass der kommunikative Umgang mit ihnen zukünftig gemieden wird.[323]

---

[320] Vgl. DING (1983): 245.

[321] Ebenda: 245.

[322] Vgl. ebenda: 246.

[323] Vgl. VON HAUFF/KERN (1991): 12.

Zusammenfassend lässt sich sagen, dass Menschen mit einer Hörbeeinträchtigung durch den Umgang mit un- bzw. wenig informierten Guthörenden vielfach die Erfahrung machen, abgewertet, übergangen und nicht angemessen behandelt zu werden. Diese Erfahrungen führen oft zu dem Gefühl, von der Gesellschaft nicht angenommen und akzeptiert zu sein.[324] Als Ergebnis dieser Erfahrungen fällt es vielen Betroffenen schwer, die Hörbeeinträchtigung als Teil ihrer Persönlichkeit zu akzeptieren und sich mit ihr auszusöhnen. Der Guthörende wird zum Maß aller Dinge, zur Bezugsnorm, der in bestimmten Bereichen jedoch nicht oder nur ungenügend entsprochen werden kann, was weitere Enttäuschungen mit sich führt. Umgekehrt bilden 'die Behinderten' "...aus dem Blickwinkel vieler Nichtbehinderter eine negative Bezugsgruppe, von der her mancher seinen Status der 'Normalität' bestimmt."[325]

Viele Menschen mit einer Hörbeeinträchtigung leiden denn auch unter einem instabilen Selbstwertgefühl. Bereits im Kindesalter erleben sie ihre kommunikativen Defizite und erfahren z.T. negative Reaktionen auf ihre andersartige und eingeschränkte Sprachkompetenz. Sie beginnen zu glauben, dass sie dümmer als ihre Altersgenossen sind und fühlen sich minderwertiger, weil sie häufig nicht mithalten können.[326]

Aber auch bei Personen mit einer guten Sprachkompetenz bleibt innerhalb der Kommunikationssituationen mit Guthörenden die Unsicherheit, ob sie alles auch richtig verstanden haben.[327]

Die hier skizzierten Belastungen in täglichen kommunikativen Situationen in einer überwiegend guthörenden Welt führen häufig zu psychischen Problemen bei Menschen mit einer Hörbeeinträchtigung: Jeder Dritte von ihnen wird von Verzweiflung, Depression und Selbstwertkrisen befallen. Suizidversuche kommen sechsmal so häufig vor wie im Durchschnitt innerhalb der Bevölkerung.[328] Einsamkeit, Misstrauen und Verbitterung sind wiederholt Folgen ei-

---

[324] Vgl. DING (1983): 245.
[325] SUSTECK (1997): 10.
[326] Vgl. WEBER (1995): 54.
[327] Vgl. ebenda: 54.
[328] Vgl. DING (1983): 245.

ner Hörbeeinträchtigung und auch körperliche Reaktionen wie Kopfweh, Tinitus und Schlaflosigkeit sind oft zu finden.[329]

---

[329] Vgl. VON HAUFF/KERN (1991): 12.

7. Gibt es Grenzen einer schulischen Integration?

Die schulische Integration von Kindern mit einer Hörbeeinträchtigung wird z.T. noch immer heftig diskutiert. Die Meinungen von (Hörgeschädigten-)Pädagogen[330], Eltern betroffener Kinder und den Betroffenen selber[331] reichen von entschiedener Bejahung hin bis zu extremer Ablehnung.[332]

7.1 Die Kontinuumstheorie als Maßstab der Ausgrenzung

Die öffentliche Diskussion spitzt sich vor allem dort zu, wo eine integrative Erziehung und Unterrichtung nicht nur für leicht- und mittelgradig schwerhörige Kinder gefordert wird sondern auch für resthörige oder gar gehörlose Kinder.

Die Gegner einer integrativen Beschulung resthöriger bzw. gehörloser Schüler finden ihre Position durch die sog. Kontinuumstheorie bestätigt. Diese Theorie besagt, dass das Gelingen einer integrativen Beschulung ganz maßgeblich von dem Grad der Hörbeeinträchtigung des zu integrierenden Kindes abhängig ist: Je geringer die Hörbeeinträchtigung, umso größer sind die Chancen für ein integratives Gelingen; je größer die Hörbeeinträchtigung, umso geringer sind die Chancen für eine glückende schulische Integration des Kindes.

TIEFENBACHER lehnt denn auch eine integrative Beschulung von Kindern mit Hörbeeinträchtigung bereits kategorisch ab, wenn deren Hörverlust im Hauptssprachbereich mehr als 40 dB beträgt.[333] Und der Bund Deutscher

---

[330] HOLLWEG sieht einen ganz wesentlichen Grund der Ablehnung seitens zahlreicher Hörgeschädigtenpädagogen darin, dass durch die gemeinsame Erziehung von Kindern mit und ohne Hörbeeinträchtigung die Existenzberechtigung des umfangreichen und eigenständigen Bildungssystems der Gehörlosen- und Schwerhörigenbildung in Frage gestellt wird. Vgl. HOLLWEG (1999): 72.

[331] Hier ist vor allem die Gehörlosenbewegung zu nennen, die nach MÜLLER befürchtet, "ihr 'Nachwuchs' könnte ihnen dadurch entfremden." MÜLLER (²1996): 47.

[332] Vgl. HOLLWEG (1999): 71. Vgl. für die Argumente für und wider eine schulische Integration von Kindern mit Hörbeeinträchtigung Kapitel 8 dieser Veröffentlichung.

[333] Vgl. HOLLWEG (1999): 73. Zur Erinnerung: Bei ca. 40 dB bewegt sich die Lautstärke sehr leiser Radiomusik.

Taubstummenlehrer hat sich noch 1990 in einem Positionspapier eindeutig gegen die schulische Integration gehörloser und resthöriger Kinder gewandt: "Der Bund Deutscher Taubstummenlehrer hält eine gemeinsame Beschulung gehörloser und hochgradig schwerhöriger Schüler mit Hörenden für unverantwortlich."[334]

Dennoch sind bereits zahlreiche resthörige bzw. gehörlose Kinder erfolgreich integrativ beschult worden.[335] Interessanterweise haben in einem Leistungsvergleich gerade die Kinder mit einem geringeren Hörverlust schlechtere Schulleistungen erbracht.[336] SCHÖLER wird denn auch sehr deutlich, indem sie sagt:

> "Wenn es Grenzen gibt, dann sind dies unsere Grenzen. Es sind die Grenzen der Erwachsenen, die Grenzen der gesellschaftlichen Bedingungen ..., wenn wir es nicht schaffen, uns das gemeinsame Leben und Lernen mit einem schwer behinderten Kind vorzustellen, wenn wir die notwendigen organisatorischen Bedingungen nicht herstellen können."[337]

Diese Intention wird von RAIDT bekräftigt; auch er hält dem Ausschluss bestimmter Kinder nach Art und Grad ihrer Hörbeeinträchtigung entgegen, dass die jeweiligen Unterrichtsbedingungen vor Ort für das Gelingen einer gemeinsamen Unterrichtung von Kindern mit und ohne Hörbeeinträchtigung entscheidender sind[338] und diese Auffassung wird von LÖWE bestätigt. Er relativiert die Aussage der Kontinuumstheorie aufgrund der Ergebnisse zahlreicher aktueller wissenschaftlicher Arbeiten vor allem von ausländischen Autoren,

---

[334] KLINGL, A./SALZ, W. (1990): "Gemeinsame Erziehung und Bildung hörbehinderter und nichtbehinderter Kinder in der Schule. Positionspapier des BDT." In: *Hörgeschädigtenpädagogik.* Heft 44: 52.

[335] Vgl. LÖWE (1982): "Zur Beschulung hörgeschädigter Kinder in Regelschulen." In: *hörgeschädigte kinder.* Heft 2: 100. Vgl. LÖWE (²1989): 46.

[336] Vgl. LÖWE (1982): 100.

[337] SCHÖLER (1992): 81. Zitiert nach HOLLWEG (1999): 77.

[338] Vgl. RAIDT, P. (1990): "Perspektivenwechsel in der Hörgeschädigtenpädagogik." In: SANDER, A. U.A. (Hg.): *Gemeinsame Schule für behinderte und nichtbehinderte Kinder und Jugendliche. Jahresbericht 1989 aus dem Saarland.* Saarbrücker Beiträge zur Integrationspädagogik. Bd. 4. St. Ingbert: 281. Nach HOLLWEG (1999): 75.

da sie die Bedeutung ökosystemischer Faktoren vollkommen außer Acht lässt.[339] Zusammenfassend lässt sich sagen:

"Der entscheidende Faktor für das Gelingen einer unterrichtlichen Integration ist nicht das Hörvermögen, ja er liegt nicht einmal in dem hörgeschädigten Kind. Die sozialen und schulorganisatorischen Rahmenbedingungen können wichtiger sein."[340]

Geht man von der Richtigkeit dieser Aussage aus, ist es notwendig, sich dezidiert mit den vor Ort gegeben Rahmenbedingungen auseinander zu setzen. Dies soll in Kapitel 9 dieser Untersuchung geschehen.

Dessen ungeachtet spiegelt sich die Aussage der Kontinuumstheorie noch immer in unserer schulischen Landschaft wider: Kinder mit einer an Taubheit grenzenden Schwerhörigkeit und gehörlose Schüler werden im Vergleich zu schwerhörigen Schülern sehr viel seltener integrativ beschult.[341]

7.2 Parameter für eine erfolgversprechende schulische Integration
Nach Auffassung zahlreicher (Hörgeschädigten-)Pädagogen ist die erfolgreiche Integration von Kindern mit Hörbeeinträchtigung neben dem Grad der auditiven Minderleistung von zahlreichen weiteren - noch immer in erster Linie im Kind zu suchenden - Parametern abhängig. Diese sollten bei einer Entscheidung zugunsten der integrativen Beschulung nach Möglichkeit ganz - oder zumindest teilweise - erfüllt sein.[342]

---

[339] Vgl. LÖWE, A. (1985): *Hörgeschädigte Kinder in Regelschulen. Ergebnisse von Untersuchungen und Erhebungen in der Bundesrepublik Deutschland und in der Schweiz.* Geers-Stiftung. Schriftenreihe Bd.5. Dortmund: 24. Nach HOLLWEG (1999): 75.

[340] CLAUßEN (1992): 49.

[341] Vgl. HOLLWEG (1999): 73. LÖWE geht davon aus, dass (Stand 1991) 75% aller schwerhörigen und etwa 10% aller audiometrisch als gehörlos anzusehenden Kinder integrativ beschult werden. Vgl. LÖWE, A. (1991): "Möglichkeiten und Grenzen einer Beschulung gehörloser und schwerhöriger Kinder in Regelschulen – Erfahrungen aus fünfundzwanzigjähriger Praxis." In: *Hörgeschädigtenpädagogik.* Heft 4: 226. Zur besonderen Situation der Träger eines Cochlear Implantats vgl. 6.4 dieser Veröffentlichung.

[342] Vgl. HOLLWEG (1999): 73. Vgl. LÖWE (1982): 100. Vgl. LÖWE (²1989): 45ff. Vgl. LÖWE (1991): 228f.

Ein derartiger Parameterkatalog auf Seiten des Kindes läuft der Auffassung der schulischen Integration als Menschenrecht zuwider[343], besitzt für die integrative Praxis im deutschsprachigen Raum jedoch noch immer große Bedeutung[344] und soll aus diesem Grund hier näher dargelegt werden.[345] Das Kind sollte:

- eine gute Früh- und Vorschulerziehung genossen haben,
- über eine (über-)durchschnittliche Intelligenz verfügen,
- einen Sprachleistungsstand besitzen, der sowohl in expressiver als auch in rezeptiver Hinsicht dem gleichaltriger Kinder entspricht,
- zum Zeitpunkt der Einschulung bereits lesen können,
- über gute Sprachwahrnehmungsleistungen (über das Hören mit einer individuellen Hörhilfe bzw. über ein kombiniertes Absehen und Hören) verfügen,
- möglichst viele der folgenden Persönlichkeitsmerkmale aufweisen: Selbständigkeit, soziale Reife, Entschlossenheit, Motivation, Kritikfähigkeit, ein altersangemessenes Sozialverhalten, Aufgeschlossenheit gegenüber anderen Menschen, eine positive Einstellung zu dieser integrativen Beschulung,
- im folgenden Schulleistungen erbringen, die sich im guten Durchschnitt der Klasse befinden und
- seine Hörhilfen (freiwillig) ganztägig tragen.

Pointiert lässt sich formulieren, dass ein Kind mit einer Hörbeeinträchtigung bei seiner Einschulung in eine Integrationsklasse bereits über zahlreiche Eigenschaften und Fähigkeiten verfügen sollte, die bei einer Einschulung in eine entsprechende Sonderschule als Ziele erst vermittelt werden würden.[346]

---

[343] Vgl. hierzu 2.3 dieser Veröffentlichung.

[344] Vgl. HOLLWEG (1999): 74.

[345] Ich beziehe mich mit meinen Angaben auf LÖWE (1992): 100. LÖWE (²1989): 45ff. LÖWE (1991): 228. LÖWE (1994): 326.

[346] Zumal LIMBACH in ihrer Arbeit darauf hin weist, dass diese Ziele bei einem Sonderschulbesuch angestrebt, jedoch häufig bei Beendigung der Schullaufbahn als nicht erreicht angesehen werden müssen. Vgl. LIMBACH (1991): 73.

Und nur wenige Kinder sind denn auch in der Lage die Voraussetzungen - gerade im sprachlich expressiven Bereich - zu erfüllen. Mit dem Ergebnis, dass LÖWE lediglich – entsprechend der Aussage der Kontinuumstheorie - zwei bis fünf Prozent der gehörlosen Elite-Kinder für integrationsfähig hält.[347] Anders hingegen die Lehrerinnen 'vor Ort': Durch sie konnten – so MÜLLER – grundsätzlich keine Grenzen der *im Kind* liegenden Integrationsfähigkeit festgestellt werden. Dies gilt sowohl für leicht- oder mittelgradig hörbeeinträchtigte Kinder, aber auch für resthörige oder gehörlose. Dennoch sind Grenzen vorhanden: "Es sind jedoch nicht die Grenzen im behinderten Kind, sondern es ist unser Schul- und Gesellschaftssystem, das Grenzen darstellt."[348]

Darüber hinaus werden sowohl an die Eltern des Kindes, aber auch an die (zukünftigen) Mitschüler weitere Ansprüche gestellt.[349] Seitens der Eltern sollte der Hörverlust des Kindes als Gegebenheit akzeptiert sein. Außerdem müssen sie vollständig hinter der integrativen Beschulung ihres Kindes stehen und bereit sein, diese auch durch z.B. nachmittägliche Hausaufgabenbetreuung zu unterstützen. Eine große Geschwisteranzahl ist – so LÖWE – aus diesem Grund eher hinderlich, da hierdurch zuviel Aufmerksamkeit und Zeit von dem Kind abgezogen wird.[350] Die Mitschüler des Kindes müssten – so VON HAUFF/KERN – ein rücksichtsvolles Verhalten zeigen. In schulischer Hinsicht sollten sie den Anforderungen des Rahmenplanes gewachsen sein.[351]

---

[347] Vgl. HOLLWEG (1999): 74.

[348] MÜLLER (²1996): 44.

[349] Für berechtigte Ansprüche an die Lehrkraft vgl. Kapitel 9 dieser Veröffentlichung.

[350] Vgl. LÖWE (²1989): 45ff. Aus Gesprächen mit betroffenen Eltern wurde hingegen gerade von einem sprachförderlichen Aspekt bei dem Vorhandensein von Geschwisterkindern ebenso berichtet, wie von einer Entlastung und Entkrampfung der Eltern-Kind-Beziehung durch ein weitgehend normales Umfeld. Diese Erzählungen kann ich aus zahlreichen Beobachtungen bekräftigen, so dass m. E. nach die Aussagen LÖWES gerade in dieser Hinsicht nicht verallgemeinert werden sollten.

[351] Vgl. VON HAUFF/KERN (1991): 42. Da sich die schulische Leistungsfähigkeit erst *während* des Schulbesuchs herausstellt, ist gerade die letzte Forderung nicht erfüllbar. Zumal es sich bei der Integrationspädagogik um einen Substitutionsbegriff handelt, der die Aufhebung aussondernder Einrichtungen begriffslogisch enthält. Als Ziel wird gerade das gemeinsame Leben und Lernen *aller* Kinder angestrebt, so dass Schulleistungen (sowohl

Zusammenfassend lässt sich sagen, dass manche der Parameter sicherlich zu einem Gelingen der Integration beizutragen vermögen. Dennoch darf in einem Umkehrschluss nicht daraus geschlossen werden, dass, falls einige der Parameter – gerade von Seiten des Kindes – nicht erfüllt werden können, man auf eine integrative Beschulung notwendigerweise verzichten muss. MÜLLER kommt denn auch zu dem Schluss: "Aus heutiger Sicht sind für mich diese Kriterien zwar nicht völlig vernachlässigbar, aber sekundär."[352] Sofern das Kind, die Eltern und die Lehrerin hinter der Integration stehen, muss vielmehr mit vereinten Kräften nach Mitteln und Wegen gesucht werden, dass das Kind dennoch – im besten Falle wohnortnah – integrativ beschult werden kann und ebenso wie seine Mitschüler eine echte Chance auf Leben, Lernen und Entwicklung in dieser Klassengemeinschaft erhält.

---

der Mitschüler als auch des Kindes mit einer Beeinträchtigung selber) in keiner Weise ein Kriterium für die Aufnahme eines Kindes mit einer Beeinträchtigung sein kann. Vgl. E-BERWEIN ([4erg.] 1997): 55.

[352] MÜLLER ([2]1996): 40.

8. Argumente für und wider die schulische Integration

Wie bereits deutlich wurde, ist eine integrative Beschulung von Kindern mit einer Hörbeeinträchtigung nicht unumstritten. Die wesentlichen Argumente beider Seiten sollen aus diesem Grund im Folgenden dargebracht werden.

8.1 Sprachkompetenz

"Primäres Ziel sonderpädagogischen Bemühens in Deutschland ist der sprachfähige Hörgeschädigte..."[353], da ohne sprachliche Kompetenz[354] das Aneignen kultureller Werte, das Ausformen der Persönlichkeit, aber auch eine von äußerer Hilfe unabhängige Lebensführung (z.B. zur Absicherung der Existenz) kaum möglich ist.[355]

Mit zunehmender Hörbeeinträchtigung - so die Argumentationsweise der Integrationsgegner - kann diese Kompetenz nicht mehr auf auditiv-imitativem Weg erreicht werden. Gerade Kinder mit einer hochgradigen Hörbeeinträchtigung müssen Sprache mühsam, z.T. Wort für Wort, erlernen.[356] Um dem gerecht zu werden, ist Lautsprache innerhalb der entsprechenden Sonderschule nicht Unterrichts*medium*, sondern Unterrichts*ziel* aller Fächer. Nur hierdurch wird eine spätere Integration in die Arbeitswelt ermöglicht.[357] In der Regelschule hingegen ist Lautsprache Unterrichtsmedium an sich. Diese Sprache

---

[353] HOLLWEG (1999): 79.

[354] Mit sprachlicher Kompetenz im Sinne der Hörgeschädigtenpädagogik ist in der Regel Lautsprachkompetenz gemeint. LÖWE weist zudem darauf hin, dass auch das Ausbilden einer guten Schriftsprachkompetenz von größter Wichtigkeit ist, da erst durch sie das lebenslange Lernen aus Büchern und ein (eigen-)ständiger Informationsgewinn mit Hilfe der Medien ermöglicht wird. Vgl. LÖWE (1992): 146. Vgl. ebenso MARTIN, S./MARTIN, U. (2003): "Integration – quo vadis?" In: *Schnecke.* Heft 40: 24.

[355] Vgl. LEONHARDT (1999): 29.

[356] Vgl. HOLLWEG (1999): 79. Im Vergleich zu guthörenden Erstklässlern, die mit einer annähernd vollständigen grammatikalischen Sprachkompetenz ihre Schullaufbahn beginnen (sollten), besitzen - gerade hochgradig - hörbeeinträchtigte gleichaltrige Kinder bei ihrer Einschulung meist ein sehr viel geringeres Sprachniveau. Neben einem sehr viel geringeren Wortschatz haben sie häufig erst die Stufe der Ein- bis Dreiwortsätze erreicht. Vgl. WISCH, F.-H. (1990b): 55. Nach HOLLWEG (1999): 81. Vgl. ebenso 6.1 dieser Veröffentlichung.

wird jedoch von den Kindern mit einer Hörbeeinträchtigung nur eingeschränkt wahrgenommen und beherrscht. Problematisch ist außerdem die Klassenfrequenz: nur in einer entsprechend kleinen Gruppe von maximal 16 Schülern ist das Absehen möglich.[358] Eine Pilotstudie in Schweden[359] ergab zudem, dass integrativ beschulte Kinder mit einer Hörbeeinträchtigung häufig unter Kopfschmerzen und Ermüdung litten.[360] Eine integrative Beschulung – so die Schlussfolgerung der Integrationsgegner - mindert somit einerseits die Bildungschancen der Kinder, andererseits wird einer sozialen Isolation aufgrund der Spracharmut Vorschub geleistet.[361] TIEFENBACHER führt als ein weiteres Gegenargument an, dass auch die guthörenden Mitschüler unter der integrativen Beschulung leiden:

> "Der gesamte Unterricht in dieser Klasse müsste in seiner methodischdidaktischen Konzeption an den besonderen Belangen des schwerhörigen Kindes orientiert sein. So müsste z.B. die gesamte Unterrichtssprache vereinfacht werden, oder Sprachinhalte, die den Hörenden längst bekannt sind, müssten eingehend erarbeitet werden. ... (Es) ist zu vermuten, dass die hörenden Schüler der Klasse dadurch in ihrer sprachlichen Entwicklung und vor allem auch im Rahmen des Sprachunterrichts nicht wesensgemäß gefördert werden können. Damit ist eine Benachteiligung der normalhörenden Schüler im Unterricht verbunden."[362]

Ganz anders die Argumentationsweise der Integrationsbefürworter. Bereits 1927 äußerte der Gehörlosenlehrer MICHELS (1885-1933), dass nur durch eine gemeinsame Erziehung von Kindern mit und ohne Hörbeeinträchtigung der Erwerb einer natürlichen Lautsprache möglich sei. Gehörlosenschulen hielt er für Isolieranstalten, die eine Lautsprache mehr verhindern als för-

---

[357] Vgl. KERN, E. (1977): "Zum Problem der Integration." In: *Hörgeschädigtenpädagogik.* Heft 2: 70ff.

[358] Vgl. BETRIEBSGRUPPE DER GEW AN DER SCHULE FÜR HÖRGESCHÄDIGTE BREMEN (1989): "Integration Hörgeschädigter." In: *DAS ZEICHEN.* Heft 7: 69. Nach HOLLWEG (1999): 80. Vgl. ebenso 4.6 dieser Veröffentlichung.

[359] n=20.

[360] Vgl. HOLLWEG (1999): 82.

[361] Vgl. KLINGL/SALZ (1990): 50.

[362] TIEFENBACHER, R. (1974): "Integration hörgeschädigter Kinder in der Regelschule." In: *Hörgeschädigtenpädagogik.* Heft 28: 15. Zitiert nach LÖWE/MÜLLER (1990): 509.

dern.[363] Diese Auffassung wird bis zum heutigen Tage von zunehmend mehr Eltern, Pädagogen und Wissenschaftlern vertreten und auf die Gesamtentwicklung der Kinder übertragen.

"Die für die speziellen Bedürfnisse von Kindern mit speziellen Behinderungen speziell eingerichteten Schulen mit ihren speziell ausgebildeten 'Sonderschullehrern' haben ... eines gemeinsam: In ihnen werden Kinder mit etwa gleichen Behinderungen zusammen 'sonderpädagogisch' gefördert; damit fehlt diesen Schulen ... für die Förderung der Gesamtentwicklung der Kinder etwas viel Wichtigeres: normale soziale Beziehungen ..., vielfältige Alltagserfahrungen im Zusammenleben, Zusammenspielen, Zusammenarbeiten."[364]

Ständige Aufforderungen, genau und richtig zu sprechen, hemmen außerdem die Sprachlust der Schüler[365] und aufgrund der intensiven Sprachförderung wird in vielen Fällen die Allgemeinbildung zu kurz kommen. Schule ist hierdurch kind- und lebensfremd.[366] MÜLLER wendet zusätzlich ein, dass die Lautsprachentwicklung eines *jeden* Kindes ganz maßgeblich von dem Angebot des ihm zuteil werdenden Lautsprachangebots abhängig ist.[367] An einer Sonderschule unterrichtete Kinder mit einer Hörbeeinträchtigung übernehmen denn auch die Sprach- und Artikulationsfehler ihrer Mitschüler.[368] In einer Untersuchung von HUNTINGTON wurde die Sprache von Lehrern hörbeeinträchtigter Kinder in unterschiedlicher Schulumgebung analysiert.[369] Heraus kam, dass sich diese mit ihrem Sprachangebot erheblich unterschieden: So wiesen die Regelschullehrer die umfangreichste Sprache in Hinblick auf Quantität, Komplexität und Vielfalt des Wortschatzes auf. Die Gehörlosenlehrer an den

---

[363] Vgl. LÖWE (1992): 108.

[364] HEYER (1997): 12.

[365] Zumal die Priorität der Sprachanbahnung dem Kind u.U. vermittelt, dass es nur mit einer guten Sprachfähigkeit ein guter Mensch ist. Vgl. WEBER (1995): 54.

[366] Vgl. HOLLWEG (1999): 83.

[367] Vgl. LÖWE/MÜLLER (1990): 510.

[368] Vgl. HOLLWEG (1999): 83.

[369] Von Gehörlosenlehrern in einer Gehörlosenschule, in einer Außenklasse für hörbeeinträchtigte Schüler an einer Regelschule und die von Regelschullehrern in einer Regelschule. Vgl. LÖWE/MÜLLER (1990): 510.

Gehörlosenschulen benutzten die geringste Anzahl von Wörtern, verwendeten die einfachsten Sätze mit einem nur geringen Wortschatz. Die Gehörlosenlehrer in den Außenklassen lagen in der Mitte.[370] Die Regelschule stellt zudem die einzige Umgebung dar, in der richtiges Sprechen für das hörgeschädigte Kind einen Sinn macht. "Es will ja verstanden werden."[371] Somit kann eine Regelbeschulung gerade in sprachförderlicher Hinsicht nur empfohlen werden. Dies umso mehr, als dass die Kinder durch eine wohnortnahe Integration eine zusätzliche sprachliche Stimulation innerhalb ihrer Familie und durch guthörende Freunde im Freizeitbereich erhielten.[372] Nicht vergessen werden darf auch, dass die

> "Regelschule ... der geeignetste Ort (ist), eine große Zahl hörender Mitmenschen für die Kommunikationsprobleme Hörgeschädigter zu sensibilisieren. Und ... die integrative Beschulung ... uns die Möglichkeit (bietet), hörenden Kindern Tag für Tag zu demonstrieren, dass auch hörgeschädigte Kinder in erster Linie Kinder sind."[373]

8.2 Leistung und Integration – zwei Gegensätze?

Die Grundschule der Bundesrepublik Deutschland ist keine wohnortnahe Grundschule für *alle* Kinder, keine 'Schule ohne Aussonderung'[374], in der die Kinder binnen- und lernzieldifferenziert arbeiten. Jede Integration muss sich in ihrem Gelingen oder nicht Gelingen an gesellschaftlichen Maßstäben messen lassen. Und diese Maßstäbe kreisen in erster Linie um das Postulat der Leistung.

> "Von dieser Qualifikationsaufgabe kann die Schule grundsätzlich nicht entpflichtet werden. Eine Schule, die auf Vermittlung von Leistungen verzichtet, ist gesellschaftlich zu nichts nütze und macht sich selbst überflüssig. Aus gesellschaftlicher Sicht ist die ... optimale Förderung von Leistung durch die Schule ... unverzichtbar. Schulleistungen finden damit ihre Recht-

---

[370] Vgl. ebenda: 510.

[371] Ebenda: 511.

[372] Vgl. HOLLWEG (1999): 84.

[373] LÖWE/MÜLLER (1990): 511.

[374] Vgl. MUTH (1989): 34.

fertigung in ihrem Beitrag zur Reproduktion der Gesellschaft."[375]

Die Befürchtung einer mangelhaften Leistung (der Kinder mit und ohne Hör-
beeinträchtigung) ist – neben einer mangelhaften sozialen Integration in den
Klassenverband – denn auch einer der beiden am häufigsten genannten
Gründe, die gegen eine schulische Integration ins Feld geführt werden.[376]

Integrationsgegner geben an, dass durch zahlreiche internationale Arbeiten
eindeutig gezeigt werden konnte, dass Schulleistungen von integrativ beschulten Kindern mit einer Hörbeeinträchtigung – gerade in den Bereichen
Mathematik, Wortschatz und Lesen - bedeutend schlechter ausfallen als diejenigen ihrer guthörenden Mitschüler.[377] In älteren Studien konnte außerdem
festgestellt werden, dass diese Unterschiede bereits bei einer geringfügigen
auditiven Minderleistung (bis zu 14 dB auf dem besseren Ohr) auftreten können.[378] Zudem kann auf das Kind mit einer Hörbeeinträchtigung in einer Regelschule nicht in dem Maß Rücksicht genommen werden, wie dies in einer
entsprechenden Sonderklasse möglich wäre. Für die Lehrerin bedeutet eine
integrative Beschulung durch die große Klassenstärke eine enorme
Zusatzbelastung, die zu einer Überforderung führen muss.
Sonderpädagogische Bedürfnisse finden denn auch keine ausreichende

---

[375] WOCKEN, H. (1988): "Leistung und Integration." In: WOCKEN, H./ANTOR, G./HINZ, A.
(Hg.): *Integrationsklassen in Hamburger Grundschulen. Bilanz eines Modellve   rsuchs.*
Hamburg: 378 – 396.

[376] Vgl. HOLLWEG (1999): 89.

[377] Vgl. PAUL, P. V./QUIGLEY, ST. P. (1989): "Bildung und schwerhörige Schüler." In:
BUNDESARBEITSGEMEINSCHAFT DER ELTERN UND FREUNDE SCHWERHÖRIGER KINDER E.V. (Hg.):
*Schwerhörige Schüler in der Regelschule. Internationale Konferenz Berlin, 1.12.   -
4.12.1988.* Hamburg: 53. Nach: HOLLWEG (1999): 90. Vgl. CLAUßEN (1992): 44. HOLLWEG
weist auf den Umstand hin, dass Untersuchungen zu Schulleistungsvergleichen nur vor-
sichtig und kritisch interpretiert werden dürfen, da schulische Leistung von ganz unterschiedlichen Faktoren beeinflusst wird und es Schwierigkeiten bereitet, diese zahlreichen
Variablen statistisch zu kontrollieren und voreilige Schlüsse zu vermeiden. Vgl. HOLLWEG
(1999): 89.

[378] Vgl. CLAUßEN (1992): 44. Angeführt wird jedoch an gleicher Stelle, dass sich diese
Leistungseinbußen durch eine frühe Anpassung von Hörhilfen und durch schwerhörigen-
pädagogische Frühförderung verringern lassen. Vgl. ebenda: 44.

Bedürfnisse finden denn auch keine ausreichende Berücksichtigung.[379] Und gerade über die Einzelintegration hochgradig hörbeeinträchtigter Schüler wird berichtet:

> "Nicht nur, dass die Schüler ... dem Unterricht oft nicht folgen können – ihre Lehrer haben Schwierigkeiten, das zu erkennen. Die zum Teil schwer verständlichen Aussagen der hörgeschädigten Kinder werden so interpretiert, dass sie in den Gesprächsablauf zu passen scheinen."[380]

Dies sei das Ergebnis davon, dass zeitgleich mit den guthörenden Mitschülern der Unterrichtsstoff unter Unterrichtsbedingungen, welche für Guthörende zugeschnitten sind, vermittelt und angeeignet werden muss. Der Regelschulalltag ist somit notwendigerweise mit Leistungsversagen und persönlichen Entmutigungen gepflastert. Auch eine Differenzierung und Individualisierung des Unterrichts bringt keine Abhilfe, denn für die Anerkennung im Klassenverband muss eine Leistung ganz erbracht werden.[381] So wechseln denn auch während des zweiten bzw. zum Ende des dritten Grundschuljahres zahlreiche integrativ beschulte Kinder mit einer Hörbeeinträchtigung auf eine Sonderschule.[382]

Für die Eltern des Kindes bedeute eine integrative Beschulung zudem fast immer eine sehr viel höhere zeitliche Belastung als dies bei einer Sonderbeschulung der Fall wäre. Eine Berufstätigkeit muss denn auch zumindest für ein Elternteil ausgeschlossen werden, da der täglichen Nachbereitung und der Hausaufgabenbetreuung eine entscheidende Bedeutung für den schulischen Erfolg oder Misserfolg des Kindes zukommt.[383]

---

[379] Vgl. KERN (1977): 67.

[380] CLAUßEN (1992): 46.

[381] Auf den Umstand, dass Kinder sich auch bei unterschiedlichen Leistungen in dem Moment akzeptieren, wo sie merken, dass sie zusammen – aber auch jeder für sich - Erfolg haben, hat hingegen z.B. ELBERT hingewiesen. Vgl. ELBERT, J. (1989): "Ganz einfach: Jedes Kind leistet soviel es kann." In: *DIE GRUNDSCHULZEITSCHRIFT.* Heft 27: 24.

[382] Vgl. HOLLWEG (1999): 91.

[383] Vgl. ebenda: 92.

Integrationsbefürworter kommen mit Hilfe anderer Untersuchungen zu sehr viel positiveren Einschätzungen. Nach ihrer Meinung bedeutet das Lernen eines sozialen Umganges miteinander im Umkehrschluss *gerade nicht*, dass schulische Leistung unwesentlich wird und Schüler in integrativen Klassen im Vergleich mit Schülern in einer Regelklasse eine schlechtere schulische Leistung erbringen. Die differenzierende Förderung jedes einzelnen Kindes ist eines der ganz wesentlichen Anliegen integrativer Pädagogik. Und in Integrationsklassen wurde - bei gleicher Leistungsfähigkeit – vielfach ein ganz herausragendes soziales Klima beobachtet.[384] So hat z.B. MÜLLER die Schulleistungen von rund 300 integrativ beschulten Kindern mit einer Hörbeeinträchtigung im Kanton Zürich untersucht[385] und kam hierbei zu dem Ergebnis: "Hörgeschädigte Kinder sind nicht leistungsschwächer als die hörenden Mitschüler bzw. Mitschülerinnen. Sie erbringen gleiche oder ähnlich gute schulische Leistungen wie gleichaltrige normalhörende Mädchen und Jungen"[386]. Der Grund für die großen Lern- und Entwicklungsfortschritte der Kinder ist nach RAIDT in dem Einbezug in die Normalität zu finden.[387] Es scheint jedoch Geschlechterdifferenzen in der subjektiven Bewertung der Lehrerinnen zu geben. So werden die Mädchen mit einer Hörbeeinträchtigung in Regelklassen als leistungsschwächer und hilfsbedürftiger eingeschätzt als Jungen mit einer Hörbeeinträchtigung, obgleich ihre tatsächlich erbrachten Leistungen mindestens mit denen der Jungen vergleichbar sind.[388]

---

[384] Vgl. STOELLGER, N. (1988): "Annäherung an eine integrative Schule – ein Leseleitfaden." In: PROJEKTGRUPPE INTEGRATIONSVERSUCH (Hg.): *Das Fläming-Modell – Gemeinsamer Unterricht für behinderte und nichtbehinderte Kind er an der Grundschule*. Weinheim: 14.

[385] Hier gehört die integrative Erziehung und Unterrichtung von Kindern mit einer Hörbeeinträchtigung mit einem Hörverlust bis zu 80 dB auf dem besseren Ohr zum Regelfall. Vgl. MÜLLER, R.J. (1990): "Die integrative Schulung hörgeschädigter Kinder im Kanton Zürich." In: *hörgeschädigte kinder*. Heft 1: 29.

[386] MÜLLER (²1996): 110. Er konnte zudem nachweisen, dass der vergleichsweise gute schulische Erfolg ohne übermäßige zeitliche und psychische Belastungen erbracht werden konnte. Vgl. LÖWE/MÜLLER(1994): 509.

[387] Vgl. RAIDT (1990): 284. Nach HOLLWEG (1999): 95.

[388] Vgl. MÜLLER, R.J. (1996): "Hörgeschädigte Mädchen werden unterschätzt." Online im Internet: http://bidok.uibk.ac/texte/hoergesch_maedchen.html (Datum des Abrufs: 12.08.2001).

Einschränkend muss man jedoch sagen, dass integrativ beschulte Kinder mit einer Hörbeeinträchtigung oft nur die ersten vier Grundschuljahre gut meistern. Probleme scheint es bei einem Übergang in eine weiterführende Schule aufgrund des Fachlehrersystems zu geben, "...wenn auch häufig nur bei einzelnen Lehrern. Es hat sich darum bei manchen Kindern als sinnvoll herausgestellt, nach erfolgreichem Besuch der regulären Grundschule in eine Realschule für gehörlose oder für schwerhörige Kinder überzuwechseln."[389]

Zieht man vergleichbare internationale Studien über das Leistungsvermögen sonderbeschulter Kinder heran[390] und vergleicht dieses mit den Schulleistungen integrativ beschulter Kinder, kann man zusammenfassend festhalten: Integriert beschulte Kinder weisen im Vergleich zu Kindern mit einer Hörbeeinträchtigung an Sonderschulen durchweg bessere Schulleistungen auf.[391]

Auch in Bezug auf die Schulleistungen integrativ beschulter Kinder ohne Beeinträchtigung wird ein positives Resümee gezogen: "Nichtbehinderte Kinder in integrativen Klassen sind in ihren Schulleistungen ... nicht schlechter als Kinder in allgemeinen Klassen."[392] Eher besser. So arbeiten die Lehrer der Integrationsklassen an der Fläming-Grundschule in Berlin mit mindestens einer Regelklasse auf der Klassenstufe zusammen und schreiben weitgehend dieselben Klassenarbeiten in Deutsch und Mathematik. Über viele Jahre hinweg wiesen hierbei die Schüler der Integrationsklassen bessere Leistungen als die der parallelen Regelklassen auf. Und in einer 1984/85 an der gleichen Schule begonnenen Untersuchung zum Leistungsstand der Kinder ohne Beeinträchtigung in Integrationsklassen wurden die Leistungen in Mathematik und Rechtschreibung anhand von 583 Einzelarbeiten aus fünf Jahrgängen analysiert und ausgewertet. Das Ergebnis: Im Bereich der Rechtschreibung wiesen Integrations- und Parallelklassen – abgesehen von den sehr leistungsstarken Lateinklassen – gleiche Leistungen auf. In Mathematik erbrach-

---

[389] LÖWE (²1989): 124f. Vgl. ebenso MARTIN/MARTIN (2003): 24f.

[390] So z.B. aus Kanada, den USA und Israel. Vgl. HOLLWEG (1999): 93.

[391] Vgl. MÜLLER (²1996): 111. Vgl. LÖWE, A. (1990): "Zur schulischen Integration gehört auch die soziale Integration." In: *hörgeschädigte kinder.* Heft 4: 206. Vgl. HOLLWEG (1999): 93. Vgl. LÖWE (²1989): 42.

[392] MUTH (1989): 33.

ten die Schüler der Integrationsklassen sogar bessere Leistungen. Diese positiven Ergebnisse wurden von anderen Studien der wissenschaftlichen Begleitungen zahlreicher Integrationsprojekte innerhalb der Bundesrepublik Deutschland bestätigt. Zudem – und das zeugt von einer hohen Leistungsmotivation der Kinder - stellt Schuleschwänzen in Integrationsklassen kein Problem dar.[393]

8.3 Das Ausbilden einer stabilen Ich-Identität

Die Identitätsbildung ist eine der grundlegenden Aufgaben der menschlichen Entwicklung.[394] Von Integrationsgegnern wird angeführt, dass

> "die schulische Integration hörgeschädigter Kinder die Entwicklung einer ausgeglichenen 'Identität' verhindere. Auch wenn von diesen Personen nur selten gesagt wird, was sie unter Identität genau verstehen, wird mit einer solchen Aussage suggeriert, dass hörgeschädigte Kinder und Jugendliche, die ihre Schulzeit in einer Sonderschule für Hörgeschädigte verbringen, eine bessere psychische Konstitution erreichen würden..."[395]

Unterschieden wird in Fachkreisen zwischen der sozialen und der personalen Identität. Die soziale Identität bezieht sich die auf die Integration des Menschen in eine für ihn relevante Gemeinschaft und ist bedeutsam, um gleichberechtigt am menschlichen Zusammenleben zu partizipieren.

Unter der personalen Identität wird die einmalige Entfaltung der Persönlichkeit mit Blick auf eigene Stärken und Schwächen verstanden.

Nur wenn ein Individuum es schafft, die gesellschaftlichen Erwartungen und Normen einerseits zu akzeptieren, sich aber von diesen auch zu distanzieren, ist nach KRAPPMANN der Aufbau einer ausbalancierten Ich-Identität möglich.[396]

---

[393] Vgl. HETZNER, R. (1988): "Schulleistungen der Schüler in Integrationsklassen." In: PROJEKTGRUPPE INTEGRATIONSVERSUCH (Hg.): *Das Fläming-Modell. Gemeinsamer Unterricht für behinderte und nichtbehinderte Kinder an der Grundschule.* Weinheim: 252f.

[394] Vgl. SCHWEITZER, F. (1985): *Identität und Erziehung.* Weinheim: 7. Nach MÜLLER (²1996): 168.

[395] MÜLLER (²1996): 167.

[396] Vgl. HOLLWEG (1999): 49.

Erst hierdurch erhält z.B. ein Mensch mit einer Hörbeeinträchtigung die Möglichkeit, den Erwartungen, so zu sein wie andere, in den Fällen nachzukommen, wo er dies - ohne Schaden an Körper und Geist zu nehmen - vermag, sich von derartigen Erwartungen aber zu distanzieren, wenn er sie nicht erfüllen kann. Eine mangelhaft ausgebildete Ich-Identität ist nach DING als eine der Ursachen für die zahlreichen interaktionalen und psychischen Probleme von Menschen mit einer Hörbeeinträchtigung anzusehen.[397]

Herausragende Bedeutung für eine Identitätsentwicklung besitzen folgende Fähigkeiten:

- Rollendistanz,
- Empathie bzw. 'role taking',
- Ambiguitätstoleranz und
- Identitätsdarstellung.

Der Begriff der Rollendistanz bedeutet, "dass das Individuum überhaupt in der Lage ist, sich Normen gegenüber reflektierend und interpretierend zu verhalten"[398].

Empathie stellt die Fähigkeit eines Individuums dar, sich in die Situation und emotionale Lage eines anderen hineinzuversetzen und ihn und sein Verhalten auf diese Weise zu verstehen. Empathie ist wesentliche Grundlage für soziales Verhalten und eine Voraussetzung für Partnerschaft und Intimität.[399]

Mit 'role taking' ist eher die kognitive Fähigkeit gemeint, die Rollenerwartung des anderen zu antizipieren, zu verstehen und zu übernehmen.

Unter Ambiguitätstoleranz wird die Fähigkeit verstanden, unterschiedliche Erwartungshaltungen des Interaktionspartners und unvollständige Befriedi-

---

[397] Vgl. DING (1983): 248. Vgl. 6.2 dieser Veröffentlichung.

[398] KRAPPMANN, L. (1975): *Soziologische Dimensionen der Identität*. Stuttgart: 133. Zitiert nach AHRBECK (1992): 37f.

[399] Vgl. MICROSOFT (2001): Stichwort 'Empathie'.

gung eigener Bedürfnisse zu ertragen.[400] Denn jedes "...interagierende Individuum ist ... gezwungen, neben der Befriedigung, die ihm eine Interaktion gewährt, ein gewisses Maß an gleichzeitig auftretender und durch eben diese Interaktion erzeugter Unbefriedigtheit zu ertragen..."[401].

Identitätsdarstellung meint die Fähigkeit des Individuums, sich selbst und die eigenen Vorstellungen und Besonderheiten in eine Interaktion einzubringen.[402]

Gerade auch die Erziehung von Kindern mit einer Hörbeeinträchtigung muss diesen Fähigkeiten zuarbeiten und das Ausbilden einer stabilen Ich-Identität ermöglichen. Im folgenden stellt sich aus diesem Grund die Frage, in wieweit eine Hörbeeinträchtigung eine hemmende Wirkung auf die Ausbildung einer stabilen Ich-Identität besitzt und ob - und in wiefern - ein (positiver oder negativer) Einfluss auf eine solche von einer integrativen Beschulung ausgeht.

Nach MÜLLER ist bei Kindern mit einer Hörbeeinträchtigung das Erreichen einer Rollendistanz erschwert. Grund hierfür ist, dass durch die begrenzte auditive Wahrnehmung wesentliche Anteile der von anderen geäußerten Rollenerwartung verloren gehen. Es geht ihm hierbei nicht nur um sprachlich vermittelte Inhalte, sondern ebenso um den personalen Ausdruck der Sprecherstimme und die individuell unterschiedlich eingesetzten prosodischen Merkmale. Seiner Meinung nach ist die Chance eines Kindes umso größer "...eine normale Rollendistanz zu entwickeln und sich adäquat zu verhalten..."[403], je vielfältiger die Sprachumgebung des Kindes ist.

Da die meisten Interaktionen lautsprachlich erfolgen, liegt die Situation bei dem Erwerb von Empathie und 'role-taking' ganz ähnlich. Kinder mit einer Hörbeeinträchtigung sollten aus diesem Grund möglichst frühzeitig in einer weitestgehend normalen lautsprachlichen Umgebung (Familie, Regelkinder-

---

[400] Vgl. MÜLLER (²1996): 174.
[401] KRAPPMANN (1975): 151. Zitiert nach AHRBECK (1992). 29.
[402] Vgl. MÜLLER (²1996): 175.
[403] Ebenda: 175.

garten, Regelschule) interagieren und aufwachsen.[404] Hierdurch erhalten sie die Möglichkeit, die interaktionalen Schwierigkeiten (auch) aus Sicht der Guthörenden zu betrachten. "Gelingt es Hörgeschädigten, sich in die Lage Hörender zu versetzen, werden sie eher zugestehen können, dass Hörende nicht in jeder Situation auf die besonderen Bedürfnisse Hörgeschädigter Rücksicht nehmen können."[405]

Das Auftreten von Ambiguitäten ist ein in jeglicher Interaktion vorkommendes Phänomen. Dies gilt für Menschen mit und ohne Hörbeeinträchtigung. Da guthörende Interaktionspartner in der Regel nicht (oder nur wenig) bereit sind, auf die besonderen Kommunikationsbedürfnisse Hörbeeinträchtigter Rücksicht zu nehmen, muss ein Kind mit einer Hörbeeinträchtigung lernen, in höherem Maß als guthörende Kinder, derartige Widersprüchlichkeiten zu ertragen.[406]

Identitätsdarstellung heißt, sich dem anderen in seiner persönlichen Einzigartigkeit darzustellen, ohne bestimmte Teile der eigenen Identität zu leugnen. Nach MÜLLER ist eine derartige Darstellung durch eine mangelhafte Lautsprachbeherrschung erschwert. Und ELMIGER stellt diesbezüglich fest:

"Auch wenn bis zum Jugendalter die Schwerhörigkeit im Kontakt zu Hörenden kein Problem darstellte, kann sich dies ab diesem Zeitpunkt ändern. Peer-groups verlangen von ihren Mitgliedern ein eigenes Sprachrepertoire, konforme Verhaltensweisen und Kleidung. Wer dem nicht entspricht, wird aus der Gruppe ausgeschlossen."[407]

MÜLLER folgert, dass – im Gegensatz zu integrativ beschulten Kindern – gerade diejenigen, die z.B. aufgrund ihrer Beeinträchtigung nicht in ihrer Familie aufwachsen können und in Schule und Familie mit verschiedenen Kommunikationssystemen konfrontiert werden, erschwerte Bedingungen zum Ausbil-

---

[404] Vgl. MÜLLER (²1996): 176.
[405] DING (1983): 248.
[406] Vgl. MÜLLER (²1996): 176.
[407] ELMIGER (1992): 49. Nach MÜLLER (²1996): 176. Vgl. ebenso MARTIN/MARTIN (2003): 25.

den einer stabilen Ich-Identität besitzen. Durch die getrennte Schul- und Familiensituation stehen die sozialen Bezugspersonen in nicht ausreichendem Maß zur Verfügung. Als Folge hiervon können mit ihnen auch nicht ausreichend Erfahrungen gesammelt werden, die für das Ausbilden der Ich-Identität wichtig wären. "Es besteht die Gefahr, dass solche Kinder in ihrem Leben anonym und heimatlos bleiben."[408] Und AHRBECK führt weiter an:

> "Ein Gefühl von Gleichheit und Kontinuität, wie es für eine Identitätsbildung notwendig ist, wird unter diesen Bedingungen nur schwer zu erreichen sein. Umgekehrt gilt: Erfahrungen werden sich insgesamt besser miteinander synthetisieren lassen, wenn die einzelnen Lebenszusammenhänge nicht zu sehr miteinander in Widerspruch stehen und sich nicht zu schnell wandeln, so dass ein inneres Gefühl von Sinnhaftigkeit und Beständigkeit, bei allem notwendigen Wandel, entwickelt werden kann."[409]

Integrativ beschulte Kinder mit einer Hörbeeinträchtigung sind denn auch – so MÜLLER weiter - (zumindest primär) auf die sie umgebende Welt der Guthörenden ausgerichtet, ihre Peer-group setzt sich aus guthörenden Kindern zusammen. Mit einer Integration wird dem Normalitätsprinzip entsprochen. Dass heißt, dem Kind mit einer Hörbeeinträchtigung wird weitgehend die gleiche Basis zur Identitätsentfaltung zur Verfügung gestellt, wie guthörenden Kindern entsprechenden Alters. Dies erscheint ihm in der Regel die bessere Vorbereitung auf ein Leben in einer Welt, die durch eine guthörende Norm geprägt ist.[410] Dennoch gibt es keinerlei empirische Beweise für diese Theorie, da sich die Qualität der Ich-Identität nicht wirklich empirisch messen lässt. Ein Versuch, wenigstens Teilaspekte zu erfassen, besteht darin, die soziale Integration von integrativ beschulten Kindern mit einer Hörbeeinträchtigung, ihr psychisches Wohlbefinden bzw. Unwohlsein zu untersuchen.[411]

---

[408] MÜLLER (²1996): 177.

[409] AHRBECK (1992): 20.

[410] Dennoch darf nicht verschwiegen werden, dass durch eine solche Erziehung und Unterrichtung auch die Gefahr besteht, dass das Kind sich zu sehr an der guthörenden Norm orientiert (der es eben nur in bestimmten Fällen entsprechen kann). Ergebnis hiervon könnte sein, dass es versucht, seine Hörbeeinträchtigung, die unumstößlich Teil der Persönlichkeit ist, zu ignorieren und zu verbergen. Vgl. MÜLLER (²1996): 178.

[411] Vgl. ebenda: 179.

8.4 Zur Situation der sozialen Integration

Das soziale, gemeinsame Lernen von Kindern mit und ohne Beeinträchtigung ist eines der Richtziele integrativer Arbeit, soziale Integration das Ziel der Bemühung.

Integrationsgegner gehen fest davon aus, dass eine solche im Falle von Kindern mit einer Hörbeeinträchtigung nicht gelingen kann.

"Die akustische Ausnahmesituation und die damit einhergehende Beeinträchtigung der Kommunikationsfähigkeit ist die Ursache dafür, dass die Eingliederung schwerhöriger Kinder in Regelschulen zwangsläufig scheitern muss, es sei denn, man nimmt das Risiko auf sich, schwerhörige Kinder in ihrem schulischen Werdegang, in ihrer persönlichen Entwicklung und damit in ihren Lebenschancen zugunsten sozialromantischer Vorstellungen einzuschränken und damit zu schädigen."[412]

Um Aussagen zur sozialen Integration von integrativ beschulten Kindern in England machen zu können, untersuchte beispielsweise MARKIDES das Verhalten von 108 Kindern mit einer Hörbeeinträchtigung und 192 ihrer guthörenden Mitschüler im Alter zwischen 13 und 15 Jahren. Er kam zu dem Ergebnis, dass die Kinder mit einer Hörbeeinträchtigung dahin tendierten, innerhalb der Schule klar identifizierbare Untergruppen zu bilden. Sie blieben lieber unter sich[413] und gaben an, dass sie unter ihren Mitschülern keinen als ihren besten Freund bezeichnen würden.[414] Diese Situationsbeschreibung, so ihre Argumentationsweise weiter, stellt keinen Einzelfall dar und in den weni-

---

[412] TIEFENBACHER, R.: "Integration hörgeschädigter Kinder in der Regelschule." In: *Hörgeschädigtenpädagogik.* Heft 28: 14. Zitiert nach LÖWE/MÜLLER (1990): 507.

[413] So verbrachten 40% der hörbeeinträchtigten Kinder ihre Pausen allein, 24% mit 1-2 anderen hörbeeinträchtigten und 22% mit 1-2 guthörenden Kindern. 51% der Kinder gaben an, dass ihr bester Freund ein hörbeeinträchtigter Mitschüler sei, 27% gaben an, sie hätten einen guthörenden Schüler als ihren besten Freund und 22% (im Vergleich: 12% bei den guthörenden Kindern) gaben an, dass sie unter ihren Mitschülern keinen als ihren besten Freund bezeichnen würden. Vgl. LÖWE (1990): 203.

[414] Vgl. ebenda: 203.

gen Fällen, in denen eine soziale Integration gelingt, wird diese zuungunsten von schulischer Leistung erkauft.[415]

Ganz anders hingegen die Aussage von ELMIGER. Sie hat in ihrer Arbeit rund 70 Untersuchungen zur sozialen Integration von Schülern mit einer Hörbeeinträchtigung ausgewertet und selbst auch integrativ unterrichtete Schüler nach ihrer sozialen Integration befragt. Ihr Ergebnis lässt sich wie folgt zusammenfassen:

> "Schwerhörige Kinder in Regelklassen unterscheiden sich bezüglich der sozialen Situation nicht von ihren normalhörenden Mitschülern. Auch bei der Selbsteinschätzung des sozialen und emotionalen Integriertseins zeigen sich keine Differenzen. Die Selbsteinschätzung der sozialen Situation ist realistisch."[416]

Und weiter führt sie aus: "Erfreulich viele Länder setzen sich für die Integration ein. Die soziale Situation der Hörgeschädigten wird als befriedigend bis gut beschrieben. Eine Ausnahme stellt Deutschland dar. Die Deutschen tun sich mit der Integration von Hörgeschädigten eher schwer."[417] Dennoch gibt sie im weiteren zu bedenken, dass eine soziale Integration in unteren Klassenstufen häufig unproblematisch verläuft, jedoch im Jugendalter immer schwieriger wird.[418] Diese Beobachtung wird auch von Betroffenen bekräftigt: "Im Pubertätsalter kamen dann Probleme hinzu, an die wir vorher nicht gedacht haben. Karen fand keine 'feste' Freundin, keine Gruppe, zu der sie gehörte. Meistens war sie allein zuhause."[419] Und hörbeeinträchtigte Teenager z.B. in einer Untersuchung aus Südschweden gaben an, sie hätten gar keine Freunde und seien von der Gemeinschaft ausgeschlossen.[420] "Die sich aus

---

[415] Vgl. CLAUßEN (1992): 46.

[416] ELMIGER, P. (1992): *Soziale Situation von integriert beschulten Schwerhörigen in Regelschulen.* Lizentiatsarbeit Universität Freiburg/Schweiz: 124. Zitiert nach MÜLLER (²1996): 180.

[417] ELMIGER (1992): 80. Zitiert nach MÜLLER (²1996): 181.

[418] Vgl. ELMIGER (1992). Nach MÜLLER (²1996): 182.

[419] KAPP, K./KAPP, U. (1991): "Integration aus unserer Sicht." In: *hörgeschädigte kinder.* Heft 4: 214.

[420] Vgl. CLAUßEN (1992): 47.

dieser Situation ergebende Konsequenz lautet, hörgeschädigten Jugendlichen Gelegenheit zu geben, mit anderen hörgeschädigten Jugendlichen in Kontakt zu kommen. Auf diese Weise können sie erkennen, dass ... noch andere mit ihnen im gleichen Boot sitzen."[421]

In einigen Fällen kann eine soziale Integration zudem sehr langsam vonstatten gehen: "Jetzt, zum Ende des vierten Schuljahres, ist Renate soweit in der Klasse integriert und von ihren Mitschülern akzeptiert, dass die Fortführung der Integration außer Frage steht."[422]

Gerade eine schulische Integration – so die Befürworter – fördere die soziale Integration der Kinder[423] und dies besonders bei dem wohnortnahen Besuch einer Schule. Für Eltern ist die Einschulung im direkten Wohnumfeld denn auch besonders wichtig.[424] Hierdurch ist das Kind eher in der Lage, sich auch für nachmittags mit seinen Klassenkameraden zu verabreden und wird somit in das soziale Geschehen weitmöglichst einbezogen. Freundschaften mit guthörenden Kindern sind möglich, und das Kind wird sich so "...mit großer Wahrscheinlichkeit – mit der Gruppe hörender Kinder identifizieren."[425] Durch die oft weite Entfernung zwischen einer entsprechenden Sonderschule und dem Wohnort ist dies bei einer segregierten Beschulung nicht gegeben.

Zusammenfassend kann aus meiner Sicht folgendes festgehalten werden: Die Sonderschule weist Vorteile hinsichtlich der räumlichen und technischen Ausstattung für die Kinder mit einer Hörbeeinträchtigung auf. Diese werden ergänzt durch ausgebildetes Fachpersonal und kleine Lerngruppen. Hierauf stützen sich die Hörgeschädigtenpädagogen mit ihrem Anspruch, dass möglichst alle - jedoch zumindest die hochgradig - hörbeeinträchtigten Kinder in dem Schonraum Sonderschule zu erziehen und zu unterrichten seien. Trotz-

---

[421] LÖWE/MÜLLER (1990): 509.
[422] ARBEITSGRUPPE INTEGRATION AN DER STAATLICHEN INTERNATSSCHULE FÜR HÖRGESCHÄDIGTE SCHLESWIG (1992): 61.
[423] Vgl. DEUTSCHER BILDUNGSRAT (1974): 17.
[424] Vgl. STARKE, V. (2001): "Thema Schulwahl." In: BERLIN BRANDENBURGISCHE COCHLEAR IMPLANT GESELLSCHAFT (Hg.): Informationsheft. Heft 11: 24.
[425] LÖWE (²1989): 41f.

dem kann in vielen Fällen nicht davon ausgegangen werden, dass die angestrebten Lernziele erreicht werden. So weisen separiert unterrichtete Kinder, gerade was ihre sprachliche Entwicklung und eine gesellschaftliche Integration angeht, nur durchschnittliche Leistungen auf. Als ein Anhaltspunkt hierfür kann die große Zahl psychischer und interaktionaler Probleme angesehen werden.[426] Nicht besser sieht die Situation im Hinblick auf die erbrachten Schulleistungen aus: Segregiert beschulte Kinder weisen im Durchschnitt schlechtere schulische Leistungen auf als integrativ beschulte Kinder. Dieser Umstand wird allerdings von Integrationsgegnern nicht wirklich zur Kenntnis genommen. Statt dessen werden die schulischen Leistungen von Kindern mit und ohne Hörbeeinträchtigung – gerade in sprach- und abstraktionsintensiven Fächern wie Deutsch und Mathematik - miteinander verglichen. Dass hierbei die Kinder mit einer Hörbeeinträchtigung *vorerst* schlechter abschneiden, mag nicht verwundern. Diese Leistungsunterschiede werden jedoch im Verlaufe der Schuljahre ausgeglichen.[427]

Was bleibt, ist der Umstand, dass die Regelschule in vielen Fällen, gerade was die Klassenstärke anbelangt, nicht optimal auf den Schulbesuch eines hörbeeinträchtigten Kindes vorbereitet ist. Dass die Kinder dort sowohl in sprachlicher Hinsicht als auch im Schulleistungsvergleich die besseren Leistungen erbringen, mag für den förderlichen Aspekt einer weitgehend normalen und reichhaltigen Umgebung sprechen. Und dieser geht nicht auf Kosten der nicht beeinträchtigten Kinder. ELMIGER konnte zudem zeigen, dass die Kinder während der Grundschulzeit gut in den Klassenverband integriert sind.

Nicht von der Hand zu weisen sind allerdings Probleme bei dem Übergang in die Oberschule. So ist es nicht ungewöhnlich, dass eine Integration hier miss-

---

[426] Obgleich zugegeben werden muss, dass diese auch zu einem Großteil auf der Uninformiertheit der guthörenden Umwelt beruhen. Hier besteht demnach akuter Informationsbedarf. Auch hier kann eine integrative Beschulung einen ganz wesentlichen Beitrag der Information leisten.

[427] Vgl. z.B. die Angaben in SCHINNEN, M. (1988): "Stephan und Sebastian, zwei hörbehinderte Kinder." In: PROJEKTGRUPPE INTEGRATIONSVERSUCH (Hg.): *Das Fläming-Modell. Gemeinsamer Unterricht für behinderte und nichtbehinderte Ki nder an der Grundschule.* Weinheim: 186-201.

lingt und die Kinder nach einer gewissen 'Versuchszeit' auf eine entsprechende Sonderschule wechseln. Nicht klar ist, ob diese Sonderschule sich der ehemals integrativ beschulten Kinder positiv annimmt und sie eben nicht als in der Integration gescheitert betrachtet und behandelt.[428] Es muss also nach weiteren Lösungen gesucht werden. Die Möglichkeit eines vermehrten Kontaktes zu gleich Betroffenen während der gesamten Schulzeit scheint mir hierfür ein, allerdings nicht ausreichender, praktikabler Ansatz zu sein.

---

[428] Vgl. MARTIN/MARTIN (2003): 25.

9. Integrationsfördernde Komponenten

Die Situation eines Kindes mit einer Hörbeeinträchtigung ist in schulischer Hinsicht vor allem durch eine Beeinträchtigung der Sprachwahrnehmung und des Sprechvorgangs geprägt. Hieraus resultieren je nach Art und Schwere der Hörschädigung unterschiedlich starke Erschwernisse, sich an Kommunikations- und Interaktionssituationen in einer Regelklasse zu beteiligen.

Einer speziellen Didaktik und Methodik bedarf es aus diesem Grund nicht, in der Praxis wird jedoch ein offener Unterricht – im Gegensatz zum Frontalunterricht – als besonders günstig für die Unterrichtung von Kindern mit einer Hörbeeinträchtigung erfahren.[429]

Durch einen handlungsorientierten Umgang mit Unterrichtsgegenständen lässt sich trotz unterschiedlicher Sprachvoraussetzungen der Kinder in allen Fächern eine gemeinsame Lernbasis schaffen, bei der die aus Tätigkeiten gewonnenen Erkenntnisse sprachlich später eher erfasst werden können. Dies gilt insbesondere für abstrakte Unterrichtsinhalte und einen handlungsbetonten Deutschunterricht, wo mit Hilfe von Rollenspielen der Handlungsablauf nachgespielt und ein Sinnerfassen ermöglicht wird.[430]

Die Regelschullehrerin – aber auch die Mitschüler des Kindes – sollten zudem über bestimmte Kompetenzen verfügen, um den speziellen (kommunikativen) Bedürfnissen eines Kindes mit einer Hörbeeinträchtigung gerecht zu werden.

Auch einige räumliche Voraussetzungen sind notwendig, um dem Kind angemessene Perzeptions- und Lernbedingungen zu ermöglichen. Diese umfassen Vorkehrungen in Bezug auf die herrschenden akustischen Bedingungen, der zu wählenden Raumaufteilung, aber auch der Sitzordnung und der

---

[429] Vgl. HOLLWEG (1999): 144f. Vgl. für Informationen zum Konzept des Offenen Unterrichts z.B. WALLRABENSTEIN, W. (1991): *Offene Schule – Offener Unterricht. Ratgeber für Eltern und Lehrer.* Reinbek bei Hamburg.
[430] Vgl. SCHINNEN (1988): 190-193.

Ausleuchtung des Klassenzimmers. Aufgabe und Ziel des folgenden Kapitels ist, diese konkreten Anforderungen darzulegen.

9.1 Beratung und Betreuung

Noch bevor das Kind mit einer Hörbeeinträchtigung in einer Regelklasse aufgenommen wird, sollte bereits eine erste ausführliche Beratung der Lehrerin durch einen pädagogischen Berater, einen Ambulanz- oder Wanderlehrer bzw. durch eine entsprechende Beratungsstelle über Möglichkeiten und Grenzen der lautsprachlichen Kommunikation und über notwendige Vorkehrungen vor Ort erfolgen.[431] Dies scheint umso mehr geboten, als dass es nicht nur um das Herstellen von räumlichen Bedingungen vor Ort geht, sondern auch darum, die Lehrerin für ihre zukünftige Aufgabe entsprechend zu sensibilisieren und zu informieren.

"Die Erfahrungen weisen darauf hin, dass den Anstrengungen im Bereich der Erwachsenenarbeit am meisten Erfolg beschieden ist. Auch wenn der Sensibilisierung der Klassengemeinschaft für die spezielle Wahrnehmungssituation des hörgeschädigten Kindes eine große Bedeutung zukommt, ... liegt ... die größere Chance in der pädagogisch-psychologischen Beratung von Lehrerinnen..."[432].

---

[431] Die Begrifflichkeiten werden überregional nicht einheitlich verwendet. So wird in bestimmten Regionen von einem Wanderlehrer gesprochen, der beratende Tätigkeiten ausübt, in anderen kommt das Ambulanzlehrersystem zur Anwendung. Wieder andere sprechen von sog. Audiopädagogen, die vom Aufgabengebiet her ähnliche Tätigkeiten ausführen. Zudem gibt es neben diesen Bezeichnungen noch den pädagogischen Berater, der sich sein Aufgabengebiet mit dem Wanderlehrer – so z.B. in Zürich – teilt. Einige dieser Personen werden von Förderzentren ausgeschickt, andere von entsprechenden Sonderschulen. In Berlin ist das Ambulanzlehrersystem verbreitet. Diese Ambulanzlehrer werden – auf Elternwunsch - z.T. von den Fachleuten der Beratungsstelle für Hör- und Sprachbehinderte in Friedrichshain bzw. in Neukölln in ihren Tätigkeiten vor Ort in den Regelschulen unterstützt. Für weiterführende Informationen vgl. z.B. RAIDT (1994) : 292-304. Ebenso MÜLLER (²1996): 185-234. Außerdem BERATUNGSSTELLE FÜR HÖRGESCHÄDIGTE KINDER (1998): *Jahresbericht 1998*. Online im Internet: http://www.zgsz.ch/doc%20internet%20neu/Berstelle/bejb.htm (Datum des Abrufs: 22.08.2001).
[432] MÜLLER (²1996): 190.

Die zu ergreifenden Maßnahmen des Ambulanzlehrers hängen sehr von den Variablen Schüler, Lehrerin, Eltern und schulische Rahmenbedingungen ab und werden aus diesem Grund von Fall zu Fall unterschiedlich zu gewichten sein. Sie beinhalten jedoch z.B.[433]

- Beratungstätigkeiten gegenüber Eltern, Lehrerin und Kind,
- unterrichtsbegleitende Fördermaßnahmen,
- Kleingruppenarbeit unter Einbezug weiterer Schüler des Klassenverbandes, die einer Hör- bzw. Sprachförderung bedürfen,
- Einzelfördermaßnahmen am Vor- und/oder Nachmittag[434],
- Vor- und Nachbereitung des Unterrichts,
- Hausaufgabenhilfe und –kontrolle,
- Überprüfung und Instandhaltung der technischen Hörhilfen[435],
- die Teilnahme an Klassenkonferenzen mit Informationen über den Hörstatus des betreuten Schülers sowie ganz allgemeinen Hinweisen zu Hörbeeinträchtigungen.

---

[433] Sofern nicht anders angegeben beziehe ich mich mit meinen Aussagen auf JACOBS, H. (1989): "Ambulante Förderung hörgeschädigter Schüler in Regelschulen." In: hörgeschädigte kinder. Heft 3: 128f.

[434] Wie z.B. Hörübungen, Absehübungen, syntaktische und lexikalische Übungen, Einzellaut- und Wortartikulation. Generell ist es wünschenswert, dass diese Einzelübungen, auf die das Kind mit einer Hörbeeinträchtigung ein gesetzliches Anrecht besitzt, nach Möglichkeit, sofern sie während der Schulzeit stattfinden, im Klassenverband vorgenommen werden. Außerhalb des Klassenzimmers sollten die Förderung nur in den Fällen stattfinden, wo die Klasse gewohnt ist, dass einzelne Kinder oder kleine Gruppen sich während der Unterrichtszeit auf dem Flur oder in Nebenräumen aufhalten um dort zu arbeiten. Andernfalls bekommt das Kind durch ein derartiges 'Therapeut(inn)enverhalten' schnell das Gefühl, es verpasse wichtige Dinge im Unterricht (und sei dies 'nur' die Gemeinschaft der anderen Kinder) und fühlt sich durch die Herauslösung aus dem Klassenverband u.U. bestraft. Vgl. SCHÖLER (1993): 171. Ebenso RAIDT (1994): 302. MÜLLER berichtet hingegen davon, dass es auch Schüler gibt, welche die Einzelförderung als ein Ventil erleben: Hier dürfen sie schutzlos sein, sich fallen lassen. Vgl. MÜLLER (²1996): 181f. Daneben besitzt selbstverständlich auch die Lehrerin die Verpflichtung, das Sprechen und die Aussprache aller Schüler im Klassenverband zu fördern. Vgl. hierzu 9.3.4 dieser Veröffentlichung.

[435] Vgl. RAIDT (1994). 298.

Ziel der Maßnahmen eines Ambulanzlehrers sollte sein, die Lehrerin durch das Einbringen von Fachwissen so fachkompetent zu machen, dass sie auch ohne seine Anwesenheit den Bedürfnissen des Kindes gerecht werden kann.[436] Hierzu gehört beispielsweise, dass die Lehrerin auch in die Lage versetzt wird, kleinere Störungen an den Hörhilfen in Eigenregie zu beseitigen und z.B. einen Batteriewechsel vorzunehmen. Aus diesem Grund sollten sich immer Kopien der Betriebsanleitungen der entsprechenden Geräte in der Klasse befinden, aber auch Ersatzbatterien vor Ort vorhanden sein.[437] Als sehr sinnvoll hat sich außerdem das Einrichten einer wöchentlichen Telefonsprechstunde seitens des Ambulanzlehrers herausgestellt. So steht er regelmäßig für dringende Fragen zur Verfügung und kann ggf. fernmündlich Hilfestellung leisten.[438]

9.2 Räumliche und technische Voraussetzungen

Hier sind die Umgestaltung des Klassenzimmers, schallisolierende Maßnahmen und der Einsatz einer Verstärkeranlage zu nennen.

9.2.1 Das Klassenzimmer als Lernwerkstatt

Generell ist die Umgestaltung des Klassenzimmers in eine Lernwerkstatt mit verschiedenen Materialecken, wie sie für einen binnendifferenzierenden, offenen Unterricht notwendig ist, auch für einen integrativen Unterricht mit Kindern mit einer Hörbeeinträchtigung geeignet. Dies ganz besonders, da Partner- aber auch Gruppenarbeit - von Schülern mit einer Hörbeeinträchtigung – im Vergleich zum Unterrichtsgespräch und Frontalunterricht - stark favorisiert werden[439] und sich dies innerhalb der Lernwerkstatt 'Schulklasse' besonders gut praktizieren lässt. Das Aufstellen von Raumteilern (wie Regalen, Tischen u.ä.) verbessert außerdem die Akustik im Klassenraum.[440]

---

[436] Vgl. ebenda: 295.

[437] Vgl. LÖWE (²1989): 103-109.

[438] Vgl. RAIDT (1994): 295.

[439] Vgl. LEONHARDT, A. (1990): "Die Beliebtheit verschiedener Sozialformen bei hörgeschädigten Schülern." In: *Hörgeschädigtenpädagogik*. Heft 6: 347ff.

[440] Vgl. LEONHARDT (1996): 26.

9.2.2 Exkurs: Zum Verhältnis zwischen Nutzschall [441], Störschall[442] und Nachhall[443]

Für ein gutes Sprachverständnis ist ein ausgewogenes Verhältnis zwischen Nutz– und Störschall ausschlaggebend. Wichtig ist hierbei einerseits die absolute Lautstärke des Störschalls innerhalb des Klassenraums, andererseits jedoch die Entfernung zwischen Nutzschall und Mikrophon der Hörhilfe des Schülers.

Die bei dem Mikrofon eintreffende Lautstärke nimmt jeweils um 6 dB ab, wenn sich der Abstand zwischen Nutzschallquelle und Schüler verdoppelt. Das Nutzschall-Störschall-Verhältnis verschlechtert sich also mit zunehmendem Abstand gravierend, der Störschall in unmittelbarer Umgebung des Kindes bleibt hingegen meist gleich.[444] Um Sprache gut wahrnehmen zu können, benötigen Kinder mit einer Hörbeeinträchtigung ein Nutzschall-Störschall-Verhältnis von +20 dB bis +30 dB.[445]

Neben dem Verhältnis zwischen Nutz- und Störschall ist auch der Nachhall für die Qualität der Sprachwahrnehmung verantwortlich. Der Nachhall kann – je nach akustischer Raumbeschaffenheit – unterschiedlich lang andauern. Das guthörende Ohr kann einen Nachhall von 0,8 Sekunden tolerieren, danach wird ein Verstehen problematisch. Viele Klassenräume weisen Nach-

---

[441] 'Nutzschall' ist das, was eine Person gerne hören möchte. Vgl. LÖWE (²1989): 95.

[442] Unter dem Begriff 'Störschall' wird die eine Situation umgebende Lärmpegel verstanden. Der Störschallpegel in der Schule während des Unterrichts beträgt z.B. im Durchschnitt 56 dB. Vgl. ebenda: 95.

[443] 'Nachhall' entsteht, wenn nicht mehr zwischen dem ursprünglichen Schall und den in einem geschlossenen Raum zurückgeworfenen Schallwellen unterschieden werden kann. Vgl. HOLLWEG (1999): 144.

[444] Zur Verdeutlichung: Ein in durchschnittlicher Lautstärke geführtes Gespräch beträgt – gemessen aus einem Meter Entfernung - ca. 65 dB. Die Lautsprache, die am Mikrofon der individuellen Hörhilfe der Kindes ankommt ist demnach nur noch 9 dB lauter, als der durchschnittliche Störschall im Unterricht innerhalb der Klasse. Das Nutzschall-Störschall-Verhältnis beträgt also +9 dB. Vgl. LÖWE (²1989): 95.

[445] Eine Möglichkeit, ein derartig gutes Verhältnis zwischen Nutz- und Störschall zu erreichen, besteht in der Verwendung eines UKW-Übertragungssystems als Verstärkeranlage innerhalb des Klassenzimmers Vgl. ebenda: 95. Vgl. 9.2.4 dieser Veröffentlichung.

hallzeiten von 0,6 – 0,8 Sekunden auf. Für Schüler mit einer Hörbeeinträchtigung sind diese Zeiten zu lang und das Verstehen von Sprache wird hierdurch erheblich beeinträchtigt.[446]

9.2.3 Schallisolierende Maßnahmen

Sowohl für eine Verringerung des Störschalls als auch für eine Verkürzung der Nachhallzeit sind schallisolierende Maßnahmen im Klassenzimmer erforderlich. Ein Teppichboden im Klassenraum ist an der Schule für Schwerhörige eine Selbstverständlichkeit und sollte nach Möglichkeit auch für das Kind an eine Regelschule Grundausstattung sein.[447] Lässt sich dies aus finanziellen Gründen nicht bewerkstelligen, sind zumindest Filzgleiter unter Tische und Stühle zu kleben, um ein wenig akustische Erleichterung zu verschaffen. Auch Vorhänge an den - im besten Fall sehr kleinen - Fenstern des niedrigen Klassenzimmers und Stoffbahnen, welche Segeltuchartig unter die Zimmerdecke gehängt werden tun ein übriges.[448] Eine kostengünstige und kreative Alternative für ein Abdämmen der Wände sind Eierkartons, Toilettenpapierrollen, Wolle und Stoff, die man als ein Projekt mit der ganzen Klasse gemeinsam an die Wände aufbringen kann.[449]

9.2.4 Verstärkeranlagen

Trotz schallisolierender Maßnahmen ist der Störschall innerhalb des Klassenzimmers in vielen Fällen noch immer zu laut. Um ein gutes Nutzschall-Störschallverhältnis zu erreichen, müsste aus diesem Grund die Entfernung zwischen Nutzschallquelle und Mikrofon der individuellen Hörhilfe konstant auf ca. 20 Zentimeter verringert werden. Da dies nicht durchführbar ist, kann man sich mit einer UKW-Übertragungsanlage behelfen.

Die Anlage besteht aus einem FM-Sender mit Richtmikrofon (zur vorrangigen Aufnahme der Sprache und Unterdrückung des Störschalls) für die Lehrerin und einem FM-Empfänger für den Schüler mit einer Hörbeeinträchtigung.

---

[446] Vgl. LÖWE (²1989): 96f.

[447] Vgl. RAIDT (1994): 281.

[448] Vgl. SCHÖLER (1993): 175. Vgl. RAIDT: 283f.

[449] Vgl. WARNCKE, H. (1990): "Tuscheln verboten." In: *Hörgeschädigtenpädagogik*. Heft 1: 47.

Beide Geräte besitzen etwa die Größe eines Walkmans, sind mobil verwend-
bar und werden in der Regel mit einem Gurt um den Hals getragen. Der Emp-
fänger wird mit einem Kabel über den Audio-Eingang mit einem oder beiden
individuellen Hörhilfen des Schülers verbunden. Moderne UKW-
Übertragungsanlagen arbeiten zusätzlich mit einer Einblendautomatik. In dem
Moment, wo die Lehrerin in das Mikrofon spricht, blendet die Anlage die Mikrofone der individuellen Hörhilfe ab, so dass die Stimme der Lehrerin ohne
Störschall übertragen wird. Hat sie ihren Redebeitrag beendet, werden die
Mikrofone wieder hochgeregelt und die individuelle Hörhilfe übermittelt wie
gewohnt das akustische Geschehen um den Schüler herum. Bei einem
Gruppengespräch (z.B. im Morgenkreis) kann der Sender mit Richtmikrofon
von Schüler zu Schüler weitergegeben werden, so dass auch die Aussagen
der Mitschüler besser zu verstehen sind.

Ein selbstverständlicher Umgang mit einer Übertragungsanlage muss erst
geübt werden und nicht selten tauchen (kurzfristige) Sprachhemmungen bei
Kindern und eine vorübergehende Unsicherheit auf Seiten der Lehrerin auf.
Auch das von einer Hörbeeinträchtigung betroffene Kind benötigt u.U. Zeit,
sich an die Anlage zu gewöhnen und über ihren Einsatz selbstbestimmt und
selbstbewusst zu verfügen.[450] Praktische Erfahrungen haben außerdem ergeben, dass eine Verstärkeranlage erst dann eingesetzt werden sollte, wenn
im Unterricht eindeutig lehrerzentrierte Gesprächsphasen gegenüber dem
vorwiegend binnendifferenzierten selbsttätigen Unterricht der ersten Grundschuljahre überwiegen.[451]

9.3 Personelle und unterrichtliche Voraussetzungen

Neben räumlichen und technischen Voraussetzungen ist auch ein verändertes personelles und unterrichtliches Vorgehen notwendig. Diesen Komplexen
sind die folgenden Seiten gewidmet.

---

[450] Vgl. SCHINNEN (1988): 187f.
[451] Vgl. HOLLWEG (1999): 145.

9.3.1 Förderung von Empathie bei den guthörenden Mitschülern

Eine altersangemessene Orientierung darüber, was ein teilweiser oder völliger Hörverlust bedeutet, legt für ein empathisches Verhalten der Mitschüler in der Regel einen soliden Grundstock, dient aber auch gleichzeitig der z.T. schmerzhaften Identitätsentwicklung des betroffenen Kindes.[452]

Neben theoretischen Erläuterungen sollten gerade in der Grundschule zahlreiche Möglichkeiten für eine Selbsterfahrung bestehen. Hier eignen sich z.b. folgende Elemente, die durch einen Ambulanzlehrer vorbereitet werden können bzw. für die er die notwendigen Materialien zur Verfügung stellen kann[453]:

Hörsimulation[454]:	Ziel: Erfahren, wie das betroffene Kind hört. Inhalt: Simulation gemäß aktuellem Audiogramm ab Tonträger vorspielen.
Erschwertes Hören:	Ziel: Erfahren, wie das betroffene Kind hört. Inhalt: Von einem Tonträger wird Gesprochenes abgespielt. Die Lautstärke, anfänglich auf ein Minimum, wird allmählich lauter gestellt. Das betroffene Kind gibt an, ab wann es die Sprache versteht.
Gehör-Memory:	Ziel: Sensibilisierung des Hörsinns. Höreindrücke können auch kompensiert werden (z.B. durch Vibration, taktile Wahrnehmung). Inhalt: Immer zwei Filmdöschen, die beim Schütteln das gleiche Geräusch erzeugen, sollen einander zugeordnet werden. Fragestellung: Warum kann diese Aufgabe auch ohne Hörvermögen gelöst werden?
Absehübung:	Ziel: Erfahrung mit dem Absehen machen. Inhalt a) Absehübungen mit Zahlen. Inhalt b) Absehübungen mit Sätzen: 'Ich bin im Monat JANUAR geboren' (Der Monatsname wird ohne Stimme gesprochen. Durch Absehen soll der Geburtsmonat herausgefunden werden.

---

[452] Vor einer ausführlichen Behandlung des Themas 'Hörbeeinträchtigung' sollte aus diesem Grund die Einverständniserklärung des betroffenen Kindes eingeholt werden. Vgl. KANTONALE BERATUNGSSTELLE FÜR HÖRGESCHÄDIGTE KINDER IN DER VOLKSSCHULE (o.J.): Merkblatt 'Klassenlektion'. Online im Internet: http://www.zgsz.ch/doc%20internet%20neu/Berstelle/merkblattklassenlektion.htm (Datum des Abrufs: 22.08.2001).

[453] Ich beziehe mich mit meinen Angaben auf die Ausführungen in KANTONALE BERATUNGSSTELLE FÜR HÖRGESCHÄDIGTE KINDER IN DER VOLKSSCHULE (o.J.).

[454] Eine Simulation für das Hören mit einem Cochlear-Implantat kann unter folgender Adresse im Internet angehört und ausprobiert werden: http://www.fh-hannover.de/etech/eo6/p8softsim.htm

	Ähnliche Übungen können mit Idolen, Fußballclubs, Ferienorten, Geburtsorten etc. gemacht werden.
Hörgeräte:	Ziel: Erfahren, wie Hörhilfen klingen.
	Inhalt: Erfahrungen mit individuellen Hörhilfen (mit einem Stetoclip) machen. Auswerten und Konsequenzen besprechen. Ggf. Merksätze erarbeiten.
Verstärkeranlage:	Ziel: Funktionsweise der Fm-Anlage und Grund des Einsatzes kennen lernen.
	Inhalt: Erfahrungen mit der Fm-Anlage machen ('Funktionstest'). Form: Einsetzen während dem Erzählen von einer Geschichte.
Audiometrie:	Ziel: Ein Verfahren zur Prüfung der Gehörfunktion kennen lernen. Erfahren, wie u.a. das Hörvermögen des betroffenen Mitschülers getestet wurde.
	Inhalt: Kurze Einführung in die Audiologie. Gehörtest am Audiometer.
Hörbeeinträchtigung und Identität:	Ziel: Von anderen Betroffenen und ihrer Lebensgestaltung erfahren.
	Inhalt: Texte lesen, Zusammenführungen organisieren, Adressen weiter geben etc.
Fingeralphabet:	Ziel: Wissen, warum und wann das Fingeralphabet eingesetzt wird.
	Inhalt: Das Fingeralphabet kennen lernen und entsprechende Übungen machen.
Einseitige Hörbeeinträchtigung:	Ziel: Selbsterfahrung a) monoaurales Hören ist unangenehm. b) Das Hören ist markant besser, wenn das funktionsfähige Ohr der Schallquelle zugewendet ist.
	Inhalt: Experiment. Die Testperson verschließt ein Ohr (durch Ohropax o.ä.). Vom Tonband wird Nutzschall (z.B. eine Geschichte) eingespielt, gleichzeitig wird Störschall ermöglicht (z.B. indem man ein Fenster öffnet).
Einseitige Hörbeeinträchtigung – Geburtstagsparty-Effekt:	Ziel: Selbsterfahrung. Durch eine einseitige Hörbeeinträchtigung ist es schwierig oder unmöglich, bei mehreren Sprechern, sich auf die Aussage eines Sprechers zu konzentrieren.
	Inhalt: Experiment. 3 Schüler verteilen sich diametral im Raum und erzählen etwas (oder lesen etwas vor). Die Zuhörer in der Mitte versuchen jetzt, einmal ohne und einmal mit verschlossenem Ohr, sich auf die Aussage nur eines Sprechers zu konzentrieren. Sprachregeln als Konsequenzen für den Unterricht erarbeiten.
Einseitige Hörbeeinträchtigung – richtige Position:	Ziel: Selbsterfahrung. Der lauteste Punkt (und somit die beste Position) ist dort, wo das voll funktionsfähige Ohr möglichst direkt auf die Nutzschallquelle ausgerichtet ist. Einseitig hörbeeinträchtigte Personen kompensieren auf diese Weise, deshalb kann ein Drehstuhl ein gutes Hilfsmittel sein.
	Inhalt: Die Testperson verschließt ein Ohr, setzt sich auf den Drehstuhl, schließt die Augen und dreht sich langsam. In welcher Position wird das Gehörte am lautesten empfunden?

Tabelle 3: Empathieförderung bei den Mitschülern.

Denkbar wären weiterhin Besuche bei einem HNO-Arzt, einem Hörgeräte-akustiker oder in einer Schule für Schwerhörige oder Gehörlose, aber auch Kinderbücher über das Thema sind eine gute Möglichkeit.[455]

In höheren Klassenstufen eignen sich zusätzlich Dia-Serien zum Absehen und Sachtexte aus Biologie- und Physik-Büchern.[456] Relativ neu ist auch eine CD zu beziehen, die neben Informationen rund um das Thema 'Hören' bzw. 'Hörbeeinträchtigung' auch konkrete Unterrichtsvorschläge anbietet.[457]

Wichtig ist außerdem, dass Fragen Rund um das Thema 'Hörbeeinträchti-gung' durch Mitschüler zugelassen werden und auf sie möglichst bald einge-gangen wird.[458]

9.3.2 Wer weniger hört muss mehr sehen!

In einem Unterricht mit Kindern mit einer Hörbeeinträchtigung ist eine ver-stärkte Visualisierung der Unterrichtsinhalte notwendig. Dies kann in Form von Fotos, Arbeitsblättern u.ä. geschehen, aber auch durch das Ermöglichen von Primärerfahrungen mit realen Gegenständen und Lebewesen.[459]

---

[455] Empfehlenswert sind z.B. BLATCHFORD, C. (2000): *Die scharlachrote Feder.* dtv-Junior. 5,50 Euro. GÄNGER, E./SEVERIN, K. (1996): *Ein Fest für Merle.* Anja Verlag. 14,83 Euro.

[456] Vgl. LÖWE (²1989): 60. Vgl. RAIDT (1994): 299.

[457] Kontaktadresse für Informationen zu der CD-Rom 'Hören – Hörschädigung' ist http://software.zum.de

[458] Vgl. LÖWE (²1989): 61.

[459] Vgl. HOLLWEG (1999): 151.

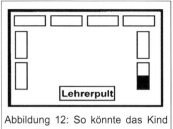

Der Sitzplatz des Kindes muss innerhalb der Klasse so gewählt werden, dass es möglichst viele Gesichter seiner Klassenkameraden auf einen Blick erfassen kann. Als Sitzordnung bietet sich deshalb z.b. die U-, oder Halbkreisform an, da hier der Schüler fast alle Mitschüler und die Lehrerin von vorn sehen kann.[461] Ein Drehstuhl kann zusätzlich

Abbildung 12: So könnte das Kind sitzen.[460]

für eine schnellere Ortung der Geräuschquelle kostbare Dienste leisten.[462]

Um eine Verbesserung der (Sprach-)Wahrnehmung zu gewährleisten, sollte der Klassenraum für gute Absehmöglichkeiten – besonders im Tafelbereich - gut ausgeleuchtet und blendfrei sein. Günstiger als die Verwendung einer Wandtafel ist jedoch das Benutzen eines Overhead-Projektors, da hierdurch ein permanenter Blickkontakt zwischen der Lehrerin und der Klasse ermöglicht wird.[463] Auch der beim Schreiben an der Tafel oft entstehende Störlärm infolge von quietschender Kreide kann so vermieden werden.[464]

Hausaufgaben und Schlüsselbegriffe einer Unterrichtsstunde sollten auf Folie vermerkt werden.[465] Zum Darstellen von Zusammenhängen eignen sich farbige Pfeile und Kurzerklärungen. Nach Beendigung eines Themas sollten die

---

[460] Die Abbildung ist entnommen aus: BUNDESGEMEINSCHAFT DER ELTERN UND FREUNDE HÖRGESCHÄDIGTER KINDER E.V. (o.J.): *Hörgeschädigte Schüler in der Regelschule.* Online im Internet: http://www.spektrum-hoeren.de/regelsch.htm (Datum des Abrufs: 24.09.2003).

[461] Vgl. SCHINNEN (1988): 187.

[462] Vgl. SCHÖLER (1993): 176.

[463] Vgl. ebenda: 176.

[464] Vgl. HOLLWEG (1999): 147.

[465] Auch das Führen eines Hausaufgabenheftes, in welchem die Lehrerin die zu erledigenden Arbeiten notiert, hat sich in der Praxis als notwendig erwiesen. Hierdurch besitzen die Eltern einen Einblick in die Aufgaben, sind über den Fortgang im Unterricht informiert, können ggf. Hilfestellung leisten und Verständnisprobleme bei der Aufgabenstellung werden umschifft. Vgl. LINDNER, S./MELZIG, J. (1991): "Integration – nein danke?" In: *hörgeschädigte kinder.* Heft 4: 206.

wichtigsten Aspekte für alle zusammengefasst und sichtbar gemacht werden.[466]

Bei Filmpräsentationen ist es von Vorteil, den Inhalt des Filmes in Form einer kurzen Zusammenfassung vorher bekannt zu geben. In höheren Klassenstufen eignen sich hierfür die in Filmen der Landesbildstelle inliegenden Begleitinformationen. Für niedrigere Klassenstufen - oder bei geringerem Sprachverständnis - sind Eigenzusammenfassungen (in mündlicher und/oder schriftlicher Form) seitens der Lehrerin notwendig.[467]

9.3.3 Grundregeln für eine gelingende lautsprachliche Kommunikation und Maßnahmen zur Lernerleichterung

"Da die Hörbehinderung äußerlich nicht sichtbar ist, besteht ganz besonders die Gefahr, sie unbeabsichtigt zu übergehen. Die Rücksicht ... mussten wir alle erst lernen und uns immer wieder in Erinnerung rufen. Mir selbst fiel es nicht leicht, eingefahrene Kommunikations- und Verhaltensmuster zu korrigieren, waren sie mir im Unterricht mit Normalhörenden nicht einmal als Fehler oder schlechte Angewohnheiten aufgefallen."[468]

Damit Kinder mit einer Hörbeeinträchtigung Unterrichtsgesprächen innerhalb der Klasse möglichst gut folgen können, müssen – wie auch durch die Selbsterfahrungen und Experimente für alle ersichtlich wurde - einige Grundregeln für eine lautsprachliche Kommunikation eingehalten werden. Die Lehrerin besitzt hierbei eine wesentliche Vorbildfunktion[469], da Erziehung in erheblichem Maße unbewusst geschieht ('the hidden curriculum').[470]

Der Stundenbeginn sollte deutlich kenntlich gemacht werden. Zu Beginn einer Unterrichtseinheit ist es sinnvoll, eine Gliederungsübersicht - in schriftli-

---

[466] Vgl. HOLLWEG (1999): 149.

[467] Vgl. ebenda: 149.

[468] SCHINNEN (1988): 188.

[469] Vgl. LÖWE (²1989): 59.

[470] Vgl. CLAUßEN, W.H. (1991) : "Integration! (...oder lieber nicht?)." Teil I. In: *hörgeschädigte kinder.* Heft 4: 186.

cher Form oder in Form von konventionalisierten Symbolen[471] - anzubieten. Diese dient der Information über den voraussichtlichen Unterrichtsablauf und seinen unterrichtlichen Phasen, ist jedoch (in schriftlicher Form) auch eine zusätzliche Hilfestellung für das Einprägen des behandelten Unterrichtsstoffes. Das Ankündigen eines Themenwechsels innerhalb der Stunde ist für die Verfolgung des Unterrichtsgeschehens zusätzlich notwendig.[472]

Der Abstand zwischen Lehrerin und Schüler sollte nicht so gering sein, dass das Kind beim Absehen und Zuhören aufblicken muss. Ein Sprachabstand von 1-2 Meter hat sich in der Praxis für das Absehen bewährt.[473]

Die Sprachrichtung der Lehrerin sollte zur Klasse gewandt sein, die der Schüler zum Kind mit einer Hörbeeinträchtigung. Wichtig ist vor allem, dass die Mund-, Wangen-, Augen-, Stirn-, Hals- und Kehlkopfpartie für eine gute Absehmöglichkeit optimal einzusehen ist.[474] Wichtig ist auch, dass immer nur eine Person zur Zeit spricht. Nebengeräusche sind möglichst zu unterbinden.[475]

Trägt das Kind nur *eine* individuelle Hörhilfe ist es vorteilhaft, sich auf dessen Seite zu stellen und z.B. nicht permanent in der Klasse herum zu laufen. Die Perzeptionsmöglichkeiten des Kindes werden hierdurch günstig beeinflusst.

---

[471] Z.B. in Form von Bild- und Schriftkarten für Stuhlkreis, Gruppen- und Einzelarbeit, Pause, für immer wiederkehrende Übungen und Aktivitäten. Vgl. HOLLWEG (1999): 148.

[472] Vgl. ebenda: 149.

[473] Vgl. MICHELS (³1982): 20. HOLLWEG geht hingegen von einem Abstand von ca. 3 Metern aus. Vgl. HOLLWEG (1999): 148. Dieser Abstand ist für das Verstehen von lautsprachlichen Äußerungen aufgrund des schlechten Nutzschall-Störschall-Verhältnisses in vielen Fällen zu weit; auch ein Absehen ist auf diese Entfernung nach eigener Erfahrung nur noch unter vermehrter Kraftanstrengung möglich. Vgl. hierzu 4.6 dieser Veröffentlichung.

[474] Vgl. LÖWE (²1989): 54f.

[475] Vgl. KANTONALE BERATUNGSSTELLE FÜR HÖRGESCHÄDIGTE KINDER IN DER VOLKSSCHULE (2000): Merkblatt 'Hörbehinderte SchülerInnen in Regelklassen'. Online im Internet: http://www.zgsz.ch/doc%20internet%20neu/Berstelle/merkblattschuelerinregelkl.htm (Datum des Abrufs: 22.08.2001).

Überartikulationen in der Absicht, so besonders deutlich zu sprechen, schaden dem Sprachverständnis ebenso, wie zu langsames oder zu schnelles Sprechen.[476] Auf die vollständige Aussprache von Vorsilben und Wortendungen sollte explizit geachtet werden.[477] Einzelne Wörter oder unvollständige Sätze erschweren eine thematische Einordnung und schaffen Verwirrung. Dies gilt insbesondere für homophone Wörter die ein identisches Mundbild oder einen ähnlichen Klang aufweisen. Wichtig für ein gutes Verständnis ist also, in möglichst vollständigen, nicht zu langen Sätzen zu sprechen.[478]

Die Ausführungen seitens der Lehrerin sind sofort zu unterbrechen, sofern sie etwas an die Tafel oder auf OH-Folie schreibt bzw. das Kind mit einer Hörbeeinträchtigung etwas in sein Heft notiert, da ein Absehen unter derartigen Bedingungen kaum möglich ist.[479]

Am Ende eines Unterrichtsgesprächs sollte die Lehrerin die Kernaussagen noch einmal für alle (mündlich, in späteren Klassenstufen auch schriftlich) zusammen fassen.[480] Fragen und Antworten von Kindern, die sehr leise oder undeutlich sprechen, sollten von der Lehrerin zudem wiederholt werden, damit das Kind mit einer Hörbeeinträchtigung eine klare sprachliche Mitteilung erhält.[481]

Es ist notwendig, den Wissensstand des Kindes mit einer Hörbeeinträchtigung gelegentlich mit Kontrollfragen zu testen[482] auf die nicht mit 'Ja'-'Nein'-Antworten reagiert werden kann.[483] Sonst stellt sich häufig erst durch das Arbeitsergebnis heraus, dass es bei der Aufgabenstellung und der Wissens-

---

[476] So muss sich das Kind bei einem zu langsamen Sprechen jedes Wort im Satz einzeln merken. Dies ist in vielen Fällen nicht zu leisten. Vgl. LÖWE (²1989): 55.
[477] Vgl. RAIDT (1994): 279.
[478] Vgl. LÖWE (²1989): 56f.
[479] Vgl. HOLLWEG (1999): 150.
[480] Vgl. LÖWE (²1989): 56 – 59.
[481] Vgl. RAIDT (1994): 278.
[482] Vgl. HOLLWEG (1999): 150.
[483] Vgl. KANTONALE BERATUNGSSTELLE FÜR HÖRGESCHÄDIGTE KINDER IN DER VOLKSSCHULE (2000).

vermittlung Verständnisprobleme gab.[484] Dem Kind mit einer Hörbeeinträchtigung sollte zudem explizit gestattet werden, Informationen beim Tischnachbarn zu erfragen.[485]

Bei Gruppenarbeiten ist es sinnvoll, die Zusammensetzung der Arbeitsgruppen zu steuern, da ein Schüler mit einer Hörbeeinträchtigung Arbeitspartner benötigt, deren ruhiger Arbeitsstil bei nicht verstandenen Arbeitsanweisungen behilflich ist.[486]

Um das Kind mit einer Hörbeeinträchtigung gut verstehen zu können, ist es u.U. notwendig, sich in dessen Sprache 'einzuhören'. Hat man etwas nicht erfasst, ist es besser, nachzufragen und um eine Wiederholung zu bitten, als so zu tun, als hätte man alles verstanden.[487] Dies erfordert jedoch ein großes Maß an Fingerspitzengefühl, und manchmal erscheint es sinnvoll, auf ein Verstehen nicht zu beharren, sondern die Äußerung des Schülers (später) aus dem Zusammenhang heraus durch Handlungen nachzuvollziehen um eine permanente Entmutigung auf Seiten des Schülers zu verhindern und das Aufbauen einer 'Sprachlust' zu ermöglichen.[488]

Ein Mensch mit einer Hörbeeinträchtigung ist bei seiner Sprachwahrnehmung in der Regel auf intensiveres Hinhören und ein Absehen in unterschiedlichem Ausmaß angewiesen. Diese permanente Konzentrationsleistung hat ein schnelleres Ermüden (gerade von sehr jungen Kindern!) im Vergleich mit den guthörenden Mitschülern zur Folge. In den Unterrichtsablauf sollten deshalb immer wieder verbale Pausen eingeplant werden, in denen die Schüler z.B. schriftlich beschäftigt werden.[489]

---

[484] Vgl. SCHINNEN (1988): 188f.

[485] Vgl. HOLLWEG (1999): 150.

[486] Vgl. SCHINNEN (1988): 191.

[487] Vgl. HOLLWEG (1999): 149.

[488] Für detailliertere Angaben zur Problematik der Sprachförderung durch Sprach- und Sprechkorrekturen vgl. 9.3.4 dieser Veröffentlichung.

[489] Vgl. LÖWE (²1989): 59.

Da Problemerörterungen, die durch Monologe, Gedankensprünge oder asso-
ziative Ausschmückungen in die Länge gezogen werden, besonders erschöp-
fend sind, steht die Lehrerin beständig in dem Konflikt, die Mutlosen einerseits zum Sprechen zu bewegen, auch wenn ihr Beitrag vom Kern der Sache
abweicht, andererseits gedankliche Abschweifungen der Übermütigen abzu-
blocken, bevor das Verständnis des Zusammenhangs und die Aufmerksamkeit des Kindes mit einer Hörbeeinträchtigung schwindet.[490]

Geistig besonders anspruchsvolle Lernbereiche und Fächer sollten für eine
Entlastung *aller* Kinder in den ersten Schulstunden liegen, da hier eine gute
Konzentration noch am ehesten zu erwarten ist.[491]

Die Anzahl der Mitschüler sollte – im wahrsten Sinne des Wortes – möglichst
überschaubar sein und durch eine disziplinierte Arbeitshaltung, bei der ge-
räuschvolles Stühlerücken, lautes Klopfen auf den Tischen, das Zuschlagen
von Türen und lautes Schreien vermieden wird, wird ein Übriges zu einer für
alle Beteiligten angenehmen Lernatmosphäre getan, die für ein Verstehen
und eine Entlastung des Kindes mit einer Hörbeeinträchtigung notwendig
ist.[492]

9.3.4 Sprachförderung durch Sprach - und Sprechkorrekturen im Unterricht[493]

Der Sinn von Sprach- und Sprechkorrekturen besteht in einer Förderung der
sprachlichen Ausdrucksmöglichkeiten *aller* im Klassenverband kommunizie-
render Schüler. Für den Unterricht besitzen folgende vier Interventionen Bedeutung:

- die Sprechpräzisierung,
- die Sprechkorrektur,
- die Sprachpräzisierung und
- die Sprachkorrektur.

---

[490] Vgl. SCHINNEN (1988): 189f.
[491] Vgl. HOLLWEG (1999): 150.
[492] Vgl. LEONHARDT (1996): 26.
[493] Ich beziehe mich mit meinen Ausführungen auf RAIDT (1994): 304 – 309.

Sprechpräzisierungen nimmt die Lehrerin immer dann vor, wenn eine Schüleräußerung schlecht verständlich (also z.B. zu leise, verwaschen, undeutlich) ist. Ein Verstoß gegen die Sprechnorm im eigentlichen Sinne liegt nicht vor. Die Lehrerin (oder ein Mitschüler) wiederholt die Schüleräußerung präzise und deutlich artikuliert und beugt hierdurch akustisch bedingten Missverständnissen vor.

Sprechkorrekturen sind bei Verstößen gegen die Sprechnorm angezeigt. Zu unterscheiden ist zwischen phonetischen und phonologischen Fehlern.

Bei phonetischen Fehlern bildet der Schüler Laute des Deutschen falsch (indem er z.B. Vokale nasaliert); ein Verstehen der Schüleräußerung ist in der Regel nicht gefährdet.

Die Entscheidung, derartige Lautrealisierungen zu tolerieren bzw. bei ihrer Bildung zu intervenieren, liegt im Ermessensspielraum der Lehrerin und eine Überlegung in dieser Richtung sollte immer berücksichtigen, dass sprachdidaktisches Handeln das eigentliche Thema des aktuellen Gesprächs kurzzeitig außer Kraft setzt und dies den Prinzipien von Unterrichtsgesprächen zuwider läuft. Eine praktikablere Möglichkeit liegt in dem Vereinbaren von Handzeichen, die den betreffenden Schüler lediglich daran erinnern, was er in einer Förderstunde oder in einer differenziert angebotenen Unterstützung gelernt hat. Die Lehrerin korrigiert bei Verwendung von Handzeichen eher implizit: Sie gibt das Zeichen und der Schüler hat die Möglichkeit, sich selbst zu korrigieren. Eine derartige Vorgehensweise erscheint in den Fällen sinnvoll, wo ein ganz bestimmter Fehler öfter auftaucht. "Der Schüler weiß darum, verbessert sich, und die Korrektur ihrerseits gewinnt eine andere Qualität als eine verbale Fremdkorrektur."[494]

Phonologische Fehler betreffen die Sprachsystemebene: Richtig gebildete Laute werden an Stellen gesetzt, wo eigentlich andere – noch nicht beherrschte - Laute sitzen müssten.[495] Hierdurch kann es zu Verständnis-

---

[494] RAIDT (1994): 307.
[495] Die Schüler sagen z.B. 'darten' statt 'Garten' und 'toffer' statt 'Koffer'.

schwierigkeiten kommen, da die Lautgebilde entweder im Deutschen nicht e-xistent sind oder aber eine andere Bedeutung besitzen.[496] Auch hier kann ei-ne Eigenkorrektur durch Handzeichen eingeleitet werden.

Die Sprachpräzisierung und Sprachkorrektur referieren auf die grammatische, semantische und pragmatische Sprachebene. Die Lehrerin macht mit diesen Formen ein sprachliches Angebot, welches einerseits den Entwicklungsstand des Schülers reflektiert, ihn andererseits leicht überfordert und hierdurch för-dert.

Bei der Sprachpräzisierung gibt sich die Lehrerin mit der an sich korrekten Aussage des Schülers nicht zufrieden, sondern formt sie in eine Äußerung auf höherem Sprachniveau um und bietet dieses als Modell an.

Die Sprachkorrektur zielt hingegen auf die grammatikalische Richtigstellung falscher Äußerungen, indem die Lehrerin das Gesagte des Schülers in grammatikalisch korrekter Form wiederholt.

Sprachdidaktische Handlungen in einem (integrativen) Unterricht regelmäßig vorzunehmen - ohne hierdurch das eigentliche Unterrichtsthema zu verlassen - heißt, dass sich die Lehrerin in einem ganz sensiblen Bereich kommunikati-ver Tätigkeit bewegt. Einerseits ist es ihre Aufgabe, Sprache und Sprechen zu fördern - und dies nicht nur im Umgang mit Schülern mit einer Hörbeein-trächtigung, worauf gerade auch in der neueren öffentlichen Diskussion nach den aktuellen Schulleistungsuntersuchungen vehement hingewiesen wurde. Auf der einen Seite stört es jedoch jede Interaktion, wenn Ungenauigkeiten oder sprachliche Fehler ständig präzisiert oder richtiggestellt werden. Dies kann viel an Spontaneität und Natürlichkeit kosten und gerade auch bei Kin-dern mit einer Kommunikationsbeeinträchtigung zu Sprachhemmungen füh-ren. Außerdem ist zu berücksichtigen, dass die "...Entwicklung des Verste-hens und Sprechens, die beim hörenden Kind meistens lawinenartig voran-schreitet, ... bei einem hörbehinderten Kind manchmal auch mit Durststre-

---

[496] Wie z.B. bei 'Haut' und 'Haus'.

cken verbunden..."[497] ist. Passiert beim Spracherwerb 'im Außen' eine zeit-lang scheinbar nichts, werden nicht nur die Eltern manchmal unruhig und ge-raten in einen Erwartungsdruck, der sie gegenüber dem Kind nicht mehr ge-recht sein lässt. SCHMIDT merkt denn auch mit Recht an: "Wie hinderlich es sich auf die Verständigung auswirkt, wenn nun versucht wird, dem Kind 'die Worte aus der Nase zu ziehen', können Sie sich sicher vorstellen."[498]

Letztlich bleibt es immer eine Entscheidung der Pädagogin, in welchem Um-fang und auf welche Art sprachdidaktische Handlungen in ihrem Unterricht vorgenommen werden bzw. wo sie u.U. auch im montessorischen Sinne 'ein-fach mal abwarten' kann, bis der nächste Entwicklungssprung sich anzeigt und das Kind von sich aus kommuniziert und eine Sprach- und Sprechver-besserung fordert.

Zusammenfassend lässt sich sagen: Es gibt zahlreiche Möglichkeiten, das gemeinsame Leben und Lernen von Kindern mit und ohne Hörbeeinträchti-gung innerhalb der Institution Schule zu unterstützen. Viele dieser Maßnah-men - wie z.B. eine verstärkte Visualisierung der Unterrichtsinhalte, eine stärkere Handlungsorientierung oder das Darbringen besonders korrekter sprachlicher Vorbilder durch die Lehrerin – schaffen nicht nur die Grundlage dafür, dass die akustische und visuelle Situation für das Kind mit einer auditi-ven Minderleistung enorm verbessert wird, sie kommen vielmehr *allen* Kin-dern in der Klasse zu Gute und erhöhen die Qualität des Unterrichts ganz ungemein. Diese Maßnahmen sind in der Regel auch ohne größeren finan-ziellen Aufwand umsetzbar, stellen aber vor allem an die Lehrerin z.T. enor-me Anforderungen, da sie sich insbesondere in ihrem kommunikativem Ver-halten häufig sehr umstellen muss. Dieser Prozess benötigt Zeit und Enga-gement seitens aller Beteiligten und darf nicht auf Kosten des ungezwunge-nen Umgangs miteinander gehen.

---

[497] SCHMIDT, M. (2003): "Logopädische Therapie bei Kindern mit CI?" In: *Info Cirkel.* Heft 17: 11.
[498] Ebenda: 11.

10. Resümee

Der gemeinsame Unterricht von Kindern mit und ohne Hörbeeinträchtigung ist zunehmend an vielen Lehrinstituten der Bundesrepublik Deutschland – den Bestrebungen zahlreicher Hörgeschädigtenpädagogen und der Gehörlosengemeinschaft entgegengesetzt - schulische Realität.

Gerade die Eltern (und hier im besonderen: die Mütter) beeinträchtigter Kinder sind an dem Ausmaß der Realisierung maßgeblich beteiligt. Sie versuch(t)en hierdurch, für ihr Kind und sich das größtmögliche Maß an Normalität und Würde zu erreichen.

Unterstützung finden sie mit ihrem Anliegen im Grundgesetz der Bundesrepublik Deutschland. Dort heißt es wörtlich in Artikel 1 "Die Würde des Menschen ist unantastbar."[499] Es wird bewusst nicht von der Würde des 'gesunden' Menschen gesprochen, sondern von der Würde *aller* Menschen. In Artikel 3 heißt es weiter, dass niemand wegen seiner Behinderung benachteiligt werden darf.

Eine Benachteiligung besteht jedoch spätestens darin, dass eine gemeinsame Erziehung und Unterrichtung von dem Vorhandensein oder Nicht-Vorhandensein finanzieller Mittel abhängig gemacht wird und darin, dass letztendlich das Los darüber entscheidet, wie und wo ein Kind mit einer Beeinträchtigung in die Schule geht. Dies stimmt umso bedenklicher, als dass auch kein "...Gymnasiast ... lediglich aus Gründen des Haushaltsvorbehaltes auf eine Haupt- oder Realschule geschickt (wird), weil die für gymnasialen Unterricht erforderlichen Mittel nicht bereitgestellt werden können."[500] Es wird augenscheinlich noch immer mit zweierlei Maß gemessen: Für ein Kind mit einer Beeinträchtigung wird nur der Besuch einer entsprechenden Sonderschule immer gewährt wird.

Dies ist umso bedrückender, als dass gerade in ländlichen Regionen eine schulische Integration häufig die einzige Möglichkeit darstellt, dass Eltern und

---

[499] BUNDESZENTRALE FÜR POLITISCHE BILDUNG (1999): 13.
[500] HEYER (1997): 14.

Kind die Chance auf ein möglichst normales Leben miteinander erhalten. Nur, weil ein Kind eine (mit subjektiven Kriterien gemessene) Beeinträchtigung aufweist, verwirkt dies nicht sein Recht auf ein Leben mit seiner Familie in seinem sozialen Umfeld.

Vor allem negative Auswirkungen auf den Lautspracherwerb, auf die schulische Leistungsfähigkeit der Kinder mit und ohne Beeinträchtigung in Integrationsklassen und auf das Ausbilden einer stabilen Ich-Identität bzw. einer sozialen Integration werden von zahlreichen Fachleuten, die Integration als Methode nicht als ein Menschenrecht ansehen, aber auch von der Gehörlosengemeinschaft, als Gründe gegen eine integrative Beschulung von Kindern mit einer Hörbeeinträchtigung angeführt. Dass diese Argumente nicht vorbehaltlos Gültigkeit besitzen, konnte in Kapitel 8 eindrucksvoll gezeigt werden. Dies umso mehr, als dass Integrationsgegner gerade die zukunftsweisenden Möglichkeiten, die z.B. durch die Frühversorgung mit einem Cochlear Implantat, aber auch durch eine Anpassung immer leistungsstärkerer Hörgeräte für die Perzeption und Expression von Lautsprache gegeben sind, in nicht ausreichendem Maße berücksichtigen. Diese Entwicklung ist jedoch nicht aufzuhalten, so dass auch Kinder mit einer hochgradigen Hörbeeinträchtigung zu einer immer besseren sprachlichen Kompetenz gelangen werden, die – wie MÜLLER meiner Ansicht nach schlüssig darlegen konnte – vor allem eines Bedarf: einer möglichst reichhaltigen sprachlichen Umgebung.

So erscheint denn auch das Aufrechterhalten ideologischer Schwarz-Weiß-Malerei zuungunsten flexibler Lösungen für den Einzelnen nicht gerechtfertigt und man kann mit Recht nach den eigentlichen Ursachen für das Blockieren integrativer Bestrebungen fragen. Dies umso mehr, als dass gerade die seit vielen Jahrzehnten praktizierte Sonderbeschulung hinsichtlich obiger Zielsetzungen nicht die gewünschten Ergebnisse gebracht hat. Aber: "Es stimmt: Integration kostet in der Anfangsphase der Reform mehr, sie rechnet sich erst, wenn sie vorangeschritten ist und einzelne Sonderschulklassen bzw. ganze Schulen geschlossen werden müssen."[501]

---

[501] HEYER (1997): 14.

Grundsätzlich sollte dennoch einer Integration, sofern sie von Kind und Eltern gewollt wird, keine Grenze gesetzt werden - nicht im Kind, aber auch nicht im System Schule. Bestehende Grenzen gilt es zu verschieben bzw. abzuschaffen.

Auf bildungspolitischer Ebene muss auf die – auch international nicht mehr aufzuhaltende[502] - Integrationsbewegung u.a. mit einer Veränderung der Lehrerinnenausbildung reagiert werden. Nur so können Berührungsängste abgebaut werden. Erste Ansätze hierfür sind in einzelnen Bundesländern vorhanden.[503]

Auch wenn eine schulische Integration zahlreiche positive Effekte für alle Kinder innerhalb der Klasse aufweist, kann sie den betroffenen Familien dennoch selbstverständlich nicht 'von oben' verordnet werden. Dann würde aus dem Recht eine Pflicht und der Dogmatismus lediglich auf eine andere Ebene verschoben. Dies beinhaltet, dass an dem bestehenden Sonderschulsystem – solange Nachfrage besteht – insofern nicht gerührt wird, als dass zwar bei Bedarf personelle und räumliche Ressourcen für eine integrative Unterrichtung Verwendung finden sollten, jedoch auch für diejenigen Eltern, die dies wünschen, weiterhin die Form der segregierenden Beschulung zur Verfügung steht.

Eine gelingende Integration funktioniert, wie in der Arbeit deutlich wurde, nicht per se. Sie ist vielmehr an bestimmte Rahmenbedingungen gebunden.

Schulische Integration kann z.B. nicht gelingen, ohne dass es zu einer Kooperation der an der Erziehung und Unterrichtung beteiligten Personen kommt. Hierin besteht einer der Spannungsfelder der integrativen Beschulung: Kooperation ist für das Denken und Handeln von Lehrerinnen und Lehramtsanwärtinnen noch immer nicht alltäglich. Welche Gründe für ein Schei-

---

[502] Vgl. MÜLLER (²1996): 235.

[503] So beispielsweise in Berlin, wo für Lehramtsstudentinnen der Leistungsnachweis eines Integrationspädagogischen Seminars – unabhängig vom angestrebten Lehramt – ab dem 1.10.2001 zwingend vorgeschrieben ist. Vgl. LANDESAMT FÜR LEHRAMTSPRÜFUNGEN BERLIN (LLB) (2000): *Prüfungsmeldung.*

tern der Kooperation verantwortlich sind, konnte in dieser Abhandlung ebenso dargelegt werden, wie das Aufzeigen praktikabler Lösungsmöglichkeiten für den Kooperationskonflikt. Außerdem wurde deutlich, dass eine gelingende Kooperation zahlreiche Vorteile (auch) für die an ihr beteiligten Pädagoginnen mit sich bringt.

Ebenso notwendig ist, wie im weiteren deutlich wurde, dass sich die Lehrerin einerseits ganz allgemein, andererseits speziell im Hinblick auf ihren zukünftigen Schüler über das Phänomen Hörbeeinträchtigung informiert und Kenntnisse darüber besitzt, was eine Hörbeeinträchtigung für das tägliche (Er-)Leben des Kindes bedeuten kann. Informationen bilden hier – wie so oft – die Basis für ein verständnisvolles Umgehen miteinander. Erst so wird z.B. ersichtlich, was unter welchen visuellen und akustischen Bedingungen seitens des Schülers im Unterricht aufgenommen werden kann und welche Vorkehrungen interaktionaler und räumlicher Art für eine gelingende Integration getroffen werden müssen. Diese Informationen sind durch die Beratung und Begleitung eines Ambulanzlehrers ebenso verfügbar wie durch – mittlerweile – zahlreiche Fachbücher, die sich mit einer schulischen Integration von Kindern mit Hörbeeinträchtigung beschäftigen. Als qualifizierte Ansprechpartner können weiterhin in vielen Fällen auch die Eltern der Kinder angesehen werden. Gerade sie sind in der Regel außerordentlich motiviert, engagiert und bestrebt, andere an ihren Erfahrungen und Informationen teilhaben zu lassen.

Um dem Kind gute (akustische und visuelle) Voraussetzungen für das gemeinsame Lernen zu bieten, sollten einige räumliche Voraussetzungen erfüllt sein. Gerade in Zeiten finanzieller Engpässe wird das Argument der leeren Kassen strapaziert, wenn es darum geht, Gründe gegen eine schulische Integration anzubringen. Dieses Argument kann für die Schaffung räumlicher Voraussetzungen jedoch nicht herangezogen werden: Gerade die akustische Situation des Kindes lässt sich, wie dargelegt wurde, mit bereits bescheidenen Mitteln enorm verbessern.

Wünschenswert wäre aus meiner Sicht denn auch, dass eine wohnortnahe integrative Beschulung, sofern sie von Kind und Eltern gewünscht wird, gemeinsam mit der 'Kiezschule' unbürokratisch umgesetzt werden kann. Hierin sehe ich die wesentliche Grundlage dafür, dass sich Kinder in ihr soziales Umfeld integrieren und ein altersangemessenes Verhalten entwickeln können. Denn: "Behinderte gehören nicht an den Rand, sondern in die Mitte jeder Gesellschaft..."[504] und dies nicht nur, "...weil sie ihre Mitglieder zu mitmenschlichem Verhalten herausfordern, das bei einem Zusammenleben 'homogener Bevölkerungsgruppen' durch negative Denk- und Umgangsformen wie Egoismus und Konkurrenzneid oft überlagert wird."[505]

Außerdem besitzt gerade die Institution Schule eine ganz wesentliche Verantwortung darin, die Integration auch (anderer) gesellschaftlicher Randgruppen voranzutreiben. Die Integration von Kindern mit einer Hörbeeinträchtigung ist unter einem derartigen Blickwinkel als exemplarisch für die Integration gesellschaftlicher Subkulturen und Gruppierungen anzusehen. Denn:

> "Eine demokratische Gesellschaft lebt von gut funktionierenden Beziehungen zwischen den verschiedenen Gruppen und von gemeinsam geteilten Erfahrungen ihrer Mitglieder... In einer Gesellschaft, welche heute weithin die mitmenschlichen Bindungen verloren hat und die Vollzüge des Menschseins in funktionalen Strukturen immer mehr verkümmern lässt, stellt sich die Frage, wie sich denn eine gesamtgesellschaftliche Identität entwickeln soll, wenn Schule nicht der Ort sein kann, an dem das Miteinanderleben gelernt und Vielfalt ohne Ausgrenzung alltäglich erfahren wird."[506]

Dies erscheint umso notwendiger, als dass tätliche Übergriffe auf Menschen anderer konstitutioneller, religiöser oder sexueller 'Beschaffenheit' in vielen Teilen der Welt zum (traurigen) Alltag gehören. Bleibt eigentlich nur noch, mit folgenden Worten zu schließen:

> "Gemeinsame Erziehung – nicht nur der behinderten und nichtbehinderten Kinder, auch der ausländischen mit den deutschen, der leistungsstarken mit den leistungsschwächeren Schülern – ist in Deutschland noch längst nicht erreicht. Sie bricht sich immer wieder am Wunsch nach äußerer Diffe-

---

[504] SUSTECK (1997): 18.
[505] Ebenda: 18.
[506] HOLLWEG (1999): 171.

renzierung ... Dennoch ist sie ein Teil sozial integrativer Modernisierung des Schulwesens. Sie wird jedoch nicht automatisch erfolgen. Wir müssen weiterhin gemeinsam dafür streiten. Was können Sie dazu beitragen?"[507]

---

[507] PREUSS-LAUSITZ ([4erg.] 1997): 402.

11. Literaturnachweis

- Ahrbeck, B. (1992): *Gehörlosigkeit und Identität.* Hamburg.

- Arbeitsgruppe Integration an der Staatlichen Internatsschule für Hörgeschädigte Schleswig (1992): *Unterrichtliche Integration hörgeschädigter Kinder.* Heidelberg.

- Begemann, E. (4.erg 1997): "Theoretische und institutionelle Behinderungen der Integration?" In: Eberwein, H. (Hg.): *Handbuch Integrationspädagogik.* Weinheim, Basel: 176-183.

- Beratungsstelle für Hörgeschädigte Kinder (1998): *Jahresbericht 1998.* Online im Internet: http://www.zgsz.ch/doc%20internet%20neu/Berstelle/bejb.htm (Datum des Abrufs: 22.08.2001).

- Berger, K. (2001): "Aspekte der Arbeit im CIC Berlin-Brandenburg – Werner Otto Haus." In: Berlin Brandenburgische Cochlear Implant Gesellschaft e.V. (Hg.): *Informationsheft.* Heft 10: 13ff.

- Berlin-Brandenburgische Cochlear Implant Gesellschaft e.V. (o.J.): *Kurzinformation.* Berlin.

- Berliner Beauftragter für Datenschutz und Akteneinsicht: *Verordnung über die sonderpädagogische Förderung (VO Sonderpädagogik) vom 13. Juli 2000.* Online im Internet: http://www.datenschutz-berlin.de/recht/bln/rv/bildung/sonderpaed.htm (Datum des Abrufs: 19.07.2001).

- Berliner Institut für Lehrerfort- und Weiterbildung und Schulentwicklung (Hg.) (1999): *Gemeinsame Erziehung und sonderpädagogische Förderung in der Berliner Schule.* Berlin.

- Birkenbihl, V.F. (24.2003): *Kommunikations-Training. Zwischenmenschliche Beziehungen erfolgreich gestalten.* Landsberg am Lech.

- Boban, I./Hinz, A./Wocken, H. (1988): "Warum Pädagogen aus der Arbeit in Integrationsklassen aussteigen." In: Wocken, H./Antor, G./Hinz, A. (Hg.): *Integrationsklassen in Hamburger Grundschulen. Bilanz eines Modellversuchs.* Hamburg: 275-331.

- Breiner, H.L. (1993): "Die zwei Wege der Integration Gehörloser und Schwerhöriger." In: *Hörgeschädigtenpädagogik.* Heft 2: 102-109.

- Breiner, H.L. (1996): "Der Lautsprach-Mediator/die Lautsprach-Mediatorin in drei Lebensphasen – Konzepte der präventiven Integration." In: *Hörgeschädigtenpädagogik.* Heft 4: 236-249.

- Bundesgemeinschaft der Eltern und Freunde hörgeschädigter Kinder e.V. (o.J.): *Hörgeschädigte Schüler in der Regelschule.* Online im Internet: http://www.spektrum-hoeren.de/regelsch.htm (Datum des Abrufs: 24.09.2003).

- Bundesminister für Arbeit und Sozialordnung (Hg.) (1983): *Weltaktionsprogramm für Behinderte (Jahrzehnt der Behinderten der Vereinten Nationen 1983 – 1992).* Bonn.

- Bundeszentrale für politische Bildung (Hg.) (1999): *Grundgesetz für die Bundesrepublik Deutschland – Textausgabe.* Bonn.

- Claußen, W.H. (1991): "Integration! (...oder lieber nicht?)." Teil I. In: *hörgeschädigte kinder.* Heft 4: 186-194.

- Claußen, H.W. (1992): "Integration! (...oder lieber nicht?)." Teil II. In: *hörgeschädigte kinder.* Heft 1: 44-49.

- Cochlear GmbH (2001): *Das Nucleus Cochlear Implant System. Sie fragen – wir antworten.* (o.O.).

- Deppe-Wolfinger, H. (1990): "Integration im gesellschaftlichen Wandel." In: Deppe-Wolfinger, H./Prengel, A./Reiser, H. (Hg.): *Integrative Pädagogik in der Grundschule*. München: 310-324.

- Deutscher Bildungsrat (1974): *Zur pädagogischen Förderung behinderter und von Behinderung bedrohter Kinder und Jugendlicher*. Stuttgart.

- Ding, H. (1983): "Erziehung Hörgeschädigter unter dem Aspekt ihrer sozialen Integration." In: *Vierteljahresschrift für Heilpädagogik und ihre Nachbargebiete*. Heft 2: 244-250.

- Dodd, B. (1987): "Lip-reading. Phonological Coding and Deafness." In: Dodd, B./Campbell, R. (Hg.): *Hearing by Eye: The Psychology of Lipreading*. London, Hillsdale, New Jersey: ohne Seitenangabe.

- Donath, P. (1995): "Soziale Probleme gehörloser, schwerhöriger und ertaubter Jugendlicher." In: *hörgeschädigte kinder*. Heft 2: 52f.

- Eberwein, H. ([4erg.]1997): "Integrationspädagogik als Weiterentwicklung (sonder-) pädagogischen Denkens und Handelns." In: Eberwein, H. (Hg.): *Handbuch Integrationspädagogik*. Weinheim, Basel: 55-68.

- Eberwein, H. (1998): *Ein Rückblick nach 25 Jahren Integrationsentwicklung – Die Empfehlungen des Deutschen Bildungsrates 'Zur pädagogischen Förderung behinderter und von Behinderung bedrohter Kinder und Jugendlicher' von 1973*. Online im Internet: http://bidok.uibk.ac.at/texte/gl2-98-bildungsrat.html#top (Datum des Abrufs: 19.07.2001).

- Elbert, J. (1989): "Ganz einfach: Jedes Kind leistet soviel es kann." In: *DIE GRUNDSCHULZEITSCHRIFT*. Heft 27: 24f.

- Elmiger, P. (1992): *Soziale Situation von integriert beschulten Schwerhörigen in Regelschulen*. Lizentiatsarbeit Universität Freiburg/Schweiz.

- Eltern hörgeschädigter Kinder e.V. (2001): *Cochlear Implantat*. Online im Internet: http://www.ich-hoere.de/cochle.htm (Datum des Abrufs: 16.08.2001).

- Fabert, J.M./Weber, A.A. (1986): "Soziale Integration. Eine orientierende soziologische Untersuchung an einer Gruppe von Hörgeschädigten aus Sint Michielsgestel." In: PRILLWITZ, S. (Hg.): *Internationale Arbeiten zur Gebärdensprache und Kommunikation Gehörloser*. Band 1. Hamburg.

- Frerichs, H.H. (1996): "Integrative Förderung und Bildung schwerhöriger und hochgradig hörgeschädigter Kinder und Jugendlicher in Bildungseinrichtungen der Bundesrepublik Deutschland." In: *Hörgeschädigtenpädagogik*. Heft 2: 95-113.

- Haarmann, D. (1997): "Integration behinderter Kinder – Sonderfall oder Modell für Grundschulunterricht überhaupt?" In: Valtin, R./Sander, A./Reinartz, G. (Hg.): *Gemeinsam leben – gemeinsam lernen. Behinderte Kinder in der Grundschule. Konzepte und Erfahrungen*. Frankfurt/M.: 7ff.
- Haarmann, D./Heckt, H. (2003): "Gelesen+++gesehen+++gehört." In: *Grundschule*. Heft 9: 6.

- Hannoversche Cochlear-Implant Gesellschaft e.V. (o.J.): *Einige Erläuterungen zum Cochlear Implantat (CI)*. Online im Internet: http://www.hcig.de/Was_ist_ein_CI/was_ist_ein_ci.html (Datum des Abrufs: 24.08.2003).

- Heeg, P. (1991): *Schulische Kommunikation stark schwerhöriger Kinder. Beschreibung der interaktiven Mikrostrukturen in einer Schulklasse*. Heidelberg.

- Hetzner, R. (1988): "Schulleistungen der Schüler in Integrationsklassen." In: Projektgruppe Integrationsversuch (Hg.): *Das Fläming-Modell. Gemeinsamer Unterricht für behinderte und nichtbehinderte Kinder an der Grundschule*. Weinheim: 251 – 254.

- Heyer, P./Meier, R. (1989): "Integration." In: *DIE GRUNDSCHULZEIT-SCHRIFT*. Heft 27: 4-8.

- Heyer, P./Preuss-Lausitz, U./Zielke, G. (1990): *Wohnortnahe Integration. Gemeinsame Erziehung behinderter und nichtbehinderter Kinder in der Uckermark-Grundschule in Berlin.* Weinheim.

- Heyer, P. (1997): "Zum Stand der Integrationsentwicklung in Deutschland." In: *Grundschule.* Heft 2: 12-14.

- Höhn, K. (1990): "Integration in den Bundesländern." In: Deppe-Wolfinger, H./Prengel, A./Reiser, H. (Hg.): *Integrative Pädagogik in der Grundschule.* München: 47-146.

- Hollweg, U. (1999): *Integration hochgradig hörgeschädigter Kinder in Grundschulklassen.* Neuwied, Kriftel, Berlin.

- Hüwe, B. (1993): "Jakob Muth – Wegbereiter der Integration von behinderten Kindern und Jugendlichen." In: *Gemeinsam leben.* Heft 3: 100ff.

- Iben, G. ([4erg] 1997): "Das Versagen der allgemeinen Schule gegenüber Behinderten und Benachteiligten." In: Eberwein, H. (Hg.): *Handbuch Integrationspädagogik.* Weinheim, Basel: 161-168.

- Ilenborg, R. (o.J.): *CI – gehörlos, schwerhörig oder...? Zusammenfassung der Aussage von Becker.* Online im Internet: http://www.gehoerlosenseelsorge.de/dafeg/hearing/meinung.htm (Datum des Abrufs: 13.07.2001).

- Ilenborg, R. (o.J.): *CI – gehörlos, schwerhörig oder...? Zusammenfassung der Aussage von Gotthardt.* Online im Internet: http://www.gehoerlosenseelsorge.de/dafeg/hearing/meinung.htm (Datum des Abrufs: 13.07.2001).

- Ilenborg, R. (o.J.): *CI – gehörlos, schwerhörig oder...? Zusammenfassung der Aussage von Günther.* Online im Internet: http://www.gehoerlosenseelsorge.de/dafeg/hearing/meinung.htm (Datum des Abrufs: 13.07.2001).

- Ilenborg, R. (o.J.): *CI – gehörlos, schwerhörig oder...? Zusammenfassung der Aussage von Lehnhardt.* Online im Internet: http://www.gehoerlosenseelsorge.de/dafeg/hearing/meinung.htm (Datum des Abrufs: 13.07.2001).

- Ilenborg, R. (o.J.): *CI – gehörlos, schwerhörig oder...? Zusammenfassung der Aussage von Salz.* Online im Internet: http://www.gehoerlosenseelsorge.de/dafeg/hearing/meinung.htm (Datum des Abrufs: 13.07.2001).

- Ilenborg, R. (o.J.): *CI – gehörlos, schwerhörig oder...? Zusammenfassung der Aussage von Zeh.* Online im Internet: http://www.gehoerlosenseelsorge.de/dafeg/hearing/meinung.htm (Datum des Abrufs: 13.07.2001).

- Ilenborg, R. (o.J.): *Meine Meinung.* Online im Internet: http://www.gehoerlosenseelsorge.de/dafeg/hearing/meinung.htm (Datum des Abrufs: 13.07.2001).

- Jacobs, H. (1989): "Ambulante Förderung hörgeschädigter Schüler in Regelschulen." In: *hörgeschädigte kinder.* Heft 3: 128-131.

- Kantonale Beratungsstelle für hörgeschädigte Kinder in der Volksschule (o.J.): *Merkblatt 'Klassenlektion'.* Online im Internet: http://www.zgsz.ch/doc%20internet%20neu/Berstelle/merkblattklassenlektion.htm (Datum des Abrufs: 22.08.2001).

- Kantonale Beratungsstelle für hörgeschädigte Kinder in der Volksschule (2000): *Merkblatt 'Hörbehinderte SchülerInnen in Regelklassen'.* Online im Internet:

http://www.zgsz.ch/doc%20internet%20neu/Berstelle/merkblattschuelerinr
egelkl.htm (Datum des Abrufs: 22.08.2001).

- Kapp, K./Kapp, U. (1991): "Integration aus unserer Sicht." In: *hörgeschädigte kinder.* Heft 4: 213f.

- Kern, E. (1977): "Zum Problem der Integration." In: *Hörgeschädigtenpädagogik.* Heft 2: 67-88.

- Kessler, A. (2000): *'Lukas' oder: unser Weg zum CI.* Idstein.

- Klann-Delius, G. (1999): *Spracherwerb.* Stuttgart – Weimar.

- Klingl, A./Salz, W. (1990): "Gemeinsame Erziehung und Bildung hörbehinderter und nichtbehinderter Kinder in der Schule. Positionspapier des
BDT." In: *Hörgeschädigtenpädagogik.* Heft 44: 49-53.

- Kobi, E.E. ([4erg.]1997): "Was bedeutet Integration? Analyse eines Begriffs."
In: Eberwein, H. (Hg.): *Handbuch Integrationspädagogik.* Weinheim, Basel: 71-79.

- Krappmann, L. (1975): *Soziologische Dimensionen der Identität.* Stuttgart.

- Kreie, G. (1989): "Die veränderte Rolle der LehrerInnen in integrativen
Klassen." In: *DIE GRUNDSCHULZEITSCHRIFT.* Heft 27: 17ff.

- Landesamt für Lehramtsprüfungen Berlin (LLB) (2000): *Prüfungsmeldung.*

- Landesschulamt Berlin (Hg.) (2001): *Das Schuljahr 2000/01 in Zahlen für
die allgemeinbildende Schulen.* Berlin.

- Lehnhardt, E. (1997): "Das Cochlear Implant von den Anfängen bis zur
verlässlichen Hilfe." In: Leonhardt, A. (Hg.): *Das Cochlear Implant bei
Kindern und Jugendlichen.* München: 19-30.

- Leonhardt, A. (1990): "Die Beliebtheit verschiedener Sozialformen bei hörgeschädigten Schülern." In: *Hörgeschädigtenpädagogik*. Heft 6: 340-355.

- Leonhardt, A. (1996): *Didaktik des Unterrichts für Gehörlose und Schwerhörige*. Neuwied.

- Leonhardt, A. (1997): "Das Cochlear Implant bei Kindern und Jugendlichen. Ein Überblick." In: Leonhardt, A. (Hg.): *Das Cochlear Implant bei Kindern und Jugendlichen*. München: 11-18.

- Leonhardt, A. (1999): *Einführung in die Hörgeschädigtenpädagogik*. München, Basel.

- Limbach, A. (1991): *Von der 'Integration' der Gebärdensprache*. Frankfurt/M.

- Lindner, S./Melzig, J. (1991): "Integration - nein danke?" In: *hörgeschädigte kinder*. Heft 4: 205-210.

- Löwe, A. (1982): "Zur Beschulung hörgeschädigter Kinder in Regelschulen." In: *hörgeschädigte kinder*. Heft 2: 94-101.

- Löwe, A. (1985): *Hörgeschädigte Kinder in Regelschulen. Ergebnisse von Untersuchungen und Erhebungen in der Bundesrepublik Deutschland und der Schweiz*. Geers-Stiftung. Schriftenreihe Bd. 5. Dortmund.

- Löwe, A. (²1989): *Pädagogische Hilfen für hörgeschädigte Kinder in Regelschulen*. Heidelberg.

- Löwe, A. (1990): "Zur schulischen Integration gehört auch die soziale Integration." In: *hörgeschädigte kinder*. Heft 4: 202-212.

- Löwe, A. (1991): "Möglichkeiten und Grenzen einer Beschulung gehörloser und schwerhöriger Kinder in Regelschulen – Erfahrungen aus fünfundzwanzigjähriger Praxis." In: *Hörgeschädigtenpädagogik.* Heft 4: 226-233.

- Löwe, A. (1992): *Hörgeschädigtenpädagogik international.* Heidelberg.

- Löwe, A. (1994): "Die schulische Integration hörgeschädigter Kinder – ein Angebot und eine Herausforderung. In: *Die Sonderschule.* Heft 5: 321-333.

- Löwe, A./Müller, R.J. (1990): "Für und wider die integrierte Beschulung hörgeschädigter Kinder." In: *Vierteljahresschrift für Heilpädagogik und ihre Nachbargebiete.* Heft 3: 501-513.

- Lubé, D. (1991): "Hörerziehung." In: Prillwitz, S. (Hg.): *Zeig mir beide Sprachen! Elternbuch 2.* Hamburg: 79-100.

- Mähler, B./Schröder, S. (1991): *Kleines Schullexikon.* Frankfurt/M.

- Maisch, G./Wisch, F.-H. (1987): *Gebärden-Lexikon 1: Grundgebärden.* Hamburg.

- Marsolek, Th./Zielke, G. (1997): "Mein Kind ist nicht geistig behindert, sondern nur etwas langsam." In: *Grundschule.* Heft 2: 24-26.

- Martin, S./Martin, U. (2003): "Integration – quo vadis?" In: *Schnecke.* Heft 40: 24f.

- Massaro, D.W. (1987): *Speech-Perception by Ear and Eye: A Paradigm for Psychological Inquiry.* Hillsdale, New Jersey, London.

- Medizinische Fakultät Regensburg, Bereich HNO (o.J.): *Informationen zum Cochlear Implantat.* Online im Internet: http://www.uni-regensburg.de/Fakultaeten/Medizin/HNO/ci/ci.htm (Datum des Abrufs: 23.09.2003).

- Meier, R./Heyer, P. (⁴ᵉʳᵍ·1997): "Grundschule – Schule für alle Kinder. Voraussetzungen und Prozesse zur Entwicklung integrativer Arbeit." In: Eberwein, H. (Hg.): *Handbuch Integrationspädagogik*. Weinheim, Basel: 227-236.

- Meißner, K. (1998): "Statt eines Vorwortes: Gedanken zur gemeinsamen Erziehung." In: Knauer, S./Meißner, K./Ross, D.: *25 Jahre gemeinsames Lernen. Beiträge zur Überwindung der Sonderpädagogik*. Berlin: 10-15.

- Michels, J. (³1982): *Frühe Spracherziehung für hörgeschädigte und sprachentwicklungsgestörte Kinder*. Berlin.

- Microsoft: *Encarta Enzyklopädie PLUS 2001*.

- Miller, R. (1992): "'Mit Lehrern kann man ja doch nicht reden!' 'Eltern wissen immer alles besser!' Über den geduldigen Aufbau der Kommunikation. 12 Bausteine." In: *Pädagogik*. Heft 5: 21 – 25.

- Mills, A.E. (1987): "The Development of Phonology in the Blind Child." In: Dodd, B./Campbell, R. (Hg.): *Hearing by Eye: The Psychology of Lipreading*. London, Hillsdale, New Jersey: ohne Seitenangabe.

- Möckel, A. (⁴ᵉʳᵍ·1997): "Die Funktion der Sonderschule und die Forderung der Integration." In: Eberwein, H. (Hg.): *Handbuch Integrationspädagogik*. Weinheim, Basel: 40-47.

- Möller-Marko, M. (1980): *Das schwerhörige Kind: Auswirkungen einer Hörbehinderung auf die psycho-soziale und kognitive Entwicklung*. Rheinstetten.

- Müller, H. (1988): "Integration aus der Sicht der Schulbehörde." In: Wocken, H./Antor, G./Hinz, A. (Hg.): *Integrationsklassen in Hamburger Grundschulen. Bilanz eines Modellversuchs*. Hamburg: 25-47.

- Müller, R.J. (1990): "Die integrative Schulung hörgeschädigter Kinder im Kanton Zürich." In: *hörgeschädigte kinder*. Heft 1: 29-38.

- Müller, R.J. (1996): "Hörgeschädigte Mädchen werden unterschätzt." Online im Internet: http://bidok.uibk.ac.at/texte/hoergesch_maedchen.html (Datum des Abrufs: 12.08.2001).

- Müller, R.J. ([2]1996): *...ich höre – nicht alles! Hörgeschädigte Mädchen und Jungen in Regelschulen*. Heidelberg.

- Muth, J. (1989): "Integration von Behinderten: Fragen und Antworten." In: *DIE GRUNDSCHULZEITSCHRIFT*. Heft 27: 32ff.

- Muth, J. ([4erg.]1997): "Zur bildungspolitischen Dimension der Integration." In: Eberwein, H. (Hg.): *Handbuch Integrationspädagogik*. Weinheim, Basel: 17-24.

- Ohren-Hals-Nasenklinik des Universitätsspitals Zürich (o.J.): *Cochlear Implants für Kinder an der Ohren-Hals-Nasenklinik des Universitätsspitals Zürich*. Online im Internet: http://www.unizh.ch/orl/services/infobla2.htm (Datum des Abrufs: 15.08.2001).

- Paul, P./Quigley, St. P. (1989): "Bildung und schwerhörige Schüler." In: Bundesarbeitsgemeinschaft der Eltern und Freunde schwerhöriger Kinder e.V. (Hg.): *Schwerhörige Schüler in der Regelschule. Internationale Konferenz Berlin, 1.12.-4.12.1988*. Hamburg.

- Preuss-Lausitz, U. (1989): "Behinderte Kinder in Integrationsschulen der Bundesrepublik Deutschland: Ergebnisse der Wissenschaftlichen Begleitungen." In: Schöler, J. (Hg.): *Ansätze zur Integration behinderter Kinder und Jugendlicher in den Ländern der Europäischen Gemeinschaft*. Berlin: 107-118.

- Preuss-Lausitz, U. ([4erg.]1997): "Zur Verwirklichung flächendeckender Nichtaussonderung im Vorschul- und Schulbereich – Perspektiven integrativer Erziehung in den 90er Jahren." In: Eberwein, H. (Hg.): *Handbuch Integrationspädagogik*. Weinheim, Basel: 393-403.

- Prillwitz, S. (1986): "Die Gebärde der Gehörlosen. Ein Beitrag zur Deutschen Gebärdensprache und ihrer Grammatik." In: Prillwitz, S. (Hg.): *Die Gebärde in Erziehung und Bildung Gehörloser*. Hamburg.

- Prillwitz, S. (1991): "Zum Konzept der Zweisprachigkeit in Erziehung und Bildung Gehörloser – Ein ganzheitliches Programm mit Zukunftsperspektiven." In: Prillwitz, S. (Hg.): *Zeig mir beide Sprachen! Elternbuch 2*. Hamburg: 179-194.

- Projektgruppe Integrationsversuch (Hg.) (1988): *Das Fläming-Modell. Gemeinsamer Unterricht für behinderte und nichtbehinderte Kinder an der Grundschule*. Weinheim.

- Radicke, R./Göbel, J. (1995): *Sprech-Hör-Erziehung hörgeschädigter Kinder*. (Ohne Ortsangabe).

- Raidt, P. (1994): "Perspektivenwechsel in der Hörgeschädigtenpädagogik – Teil II." In: Sander, A. u.a.: *Schulreform Integration. Entwicklungen der gemeinsamen Erziehung Behinderter und Nichtbehinderter Kinder und Jugendlicher im Saarland 1990-1993/94*. St. Ingbert: 267-325.

- Rammel, G. (1989): "Das lautsprachbegleitende Gebärdenverfahren – Aufgabenstellung und Probleme." In: Bausch, K.-H./Grosse, S. (Hg.): *Spracherwerb und Sprachunterricht für Gehörlose. Zielsetzungen und Probleme*. Tübingen: ohne Seitenangabe.

- Reiser, H. (1990): "Ergebnisse der Untersuchung." In: Deppe-Wolfinger, H./Prengel, A./Reiser, H.: *Integrative Pädagogik in der Grundschule*. München: 259-272.

- Reiser, H. (1990): "Überlegungen zur Bedeutung des Integrationsgedankens für die Zukunft der Sonderpädagogik." In: Deppe-Wolfinger,

H./Prengel, A./Reiser, H.: *Integrative Pädagogik in der Grundschule.* München: 291-310.

- Richtberg, W./Bochnik, H.J. (1978): "Zur psychischen und sozialen Situation hörbehinderter Menschen." In: Gewalt, D. (Hg.): *Seelsorge und Diakonie im Dienste der Schwerhörigen und Ertaubten.* Nordhorn: 36-55.

- Ringeler, A. (2003): "Schwerhörigkeit vor dem CI." In: *Schnecke.* Heft 40: 18f.

- Sander, A. ([4erg] 1997): "Behinderungsbegriffe und ihre Konsequenzen für die Integration." In: Eberwein, H. (Hg.): *Handbuch Integrationspädagogik.* Weinheim, Basel: 99-107.

- Schinnen, M. (1988): "Stephan und Sebastian, zwei hörbehinderte Kinder." In: Projektgruppe Integrationsversuch (Hg.): *Das Fläming-Modell. Gemeinsamer Unterricht für behinderte und nichtbehinderte Kinder an der Grundschule.* Weinheim: 186-201.

- Schmidt, M. (2003): "Logopädische Therapie bei Kindern mit CI?" In: *Info Cirkel.* Heft 17: 11f.

- Schnell, I. (1997): "Das Ganze ist mehr als die Summe seiner Teile." In: *Grundschule.* Heft 2: 29-31.

- Schöler, J. (1989): "Nicht-Aussonderung behinderter Kinder im Schulalter." In: Schöler, J. (Hg.): *Ansätze zur Integration behinderter Kinder und Jugendlicher in den Ländern der Europäischen Gemeinschaft.* Berlin: 77-93.

- Schöler, J. (1992): "Grenzenlose Integration." In: Lersch, R./Vernooij, M. (Hg.): *Behinderte Kinder und Jugendliche in der Schule.* Bad Heilbronn: 81-92.

- Schöler, J. (1993): *Integrative Schule – integrativer Unterricht. Ratgeber für Eltern und Lehrer.* Reinbek bei Hamburg.

- Schöler, J. ([4erg]1997): "Nichtaussonderung von 'Kindern und Jugendlichen mit besonderen pädagogischen Bedürfnissen'." In: Eberwein, H. (Hg.): *Handbuch Integrationspädagogik.* Weinheim, Basel: 108-115.

- Schulz von Thun, Fr. (1981): *Miteinander reden: Störungen und Klärungen. Psychologie der zwischenmenschlichen Kommunikation.* Reinbek bei Hamburg.

- Schweitzer, F. (1985): *Identität und Erziehung.* Weinheim.

- Seelig, G.F. ([4erg]1997): "Erziehungspsychologische Überlegungen zu Aussonderung und Integration von Schülern." In: Eberwein, H. (Hg.): *Handbuch Integrationspädagogik.* Weinheim, Basel: 88-92.

- Starke, V. (2001): "Thema Schulwahl." In: Berlin Brandenburgische Cochlear Implant Gesellschaft e.V. (Hg.): *Informationsheft.* Heft 11: 23f.

- Starke, V. (2003): "Schulzeit. Eltern, sohlt Eure Schuhe!" In: *Info Cirkel.* Heft 17: 8f.

- Stoellger, N. (1988): "Annäherung an eine integrative Schule – ein Leseleitfaden." In: Projektgruppe Integrationsversuch (Hg.): *Das Fläming-Modell – Gemeinsamer Unterricht für behinderte und nichtbehinderte Kinder an der Grundschule.* Weinheim: 11-16.

- Susteck, H. (1992): "Der Umgang zwischen Lehrern und Eltern." In: *Pädagogik.* Heft 5: 32 - 34.

- Susteck, H.(1997): "Grundschule als Schule für alle." In: *Grundschule.* Heft 2: 8-10.

- Tiefenbacher, R. (1974): "Integration hörgeschädigter Kinder in der Regelschule." In: *Hörgeschädigtenpädagogik.* Heft 28: 8-19.

- Von Hauff, R./Kern, W. (1991): *Unterricht in Klassen mit hörgeschädigten und hörenden Schülerinnen und Schülern.* München.

- Wallrabenstein, W. (1991): *Offene Schule – Offener Unterricht. Ratgeber für Eltern und Lehrer.* Reinbek bei Hamburg.

- Warncke, H. (1990): "Tuscheln verboten." In: *Hörgeschädigtenpädagogik.* Heft 1: 44-47.

- Weber, B. (1995): "Soziale Probleme schwerhöriger Jugendlicher aus der Sicht und Erfahrung Betroffener." In: *hörgeschädigte kinder.* Heft 2: 54-58.

- Weber, H.U. (1987): "Was sind mögliche Ursachen von Enttäuschungen in der Beziehung zum hörgeschädigten Menschen und wie kann damit umgegangen werden?" In: *Hörgeschädigtenpädagogik.* Heft 5: 271-284.

- Wisch, F.-H. (1990a): "Zur erziehungswissenschaftlichen Integrationsdebatte aus der Sicht der Gehörlosenpädagogik." In: *Das Zeichen.* Heft 11: 39-46.

- Wisch, F.-H. (1990b): *Lautsprache und Gebärdensprache. Eine Wende zur Zweisprachigkeit in Erziehung und Bildung Gehörloser. Internationale Arbeiten zur Gebärdensprache und Kommunikation Gehörloser.* Bd. 17. Hamburg.

- Wissenschaftlicher Rat der Dudenredaktion (Hg.) (1990): *Duden. Fremdwörterbuch.* Mannheim.

- Wocken, H. (1988): "Leistung und Integration." In: Wocken, H./Antor, G./Hinz, A. (Hg.): *Integrationsklassen in Hamburger Grundschulen. Bilanz eines Modellversuchs.* Hamburg: 378-396.

12. Anhang

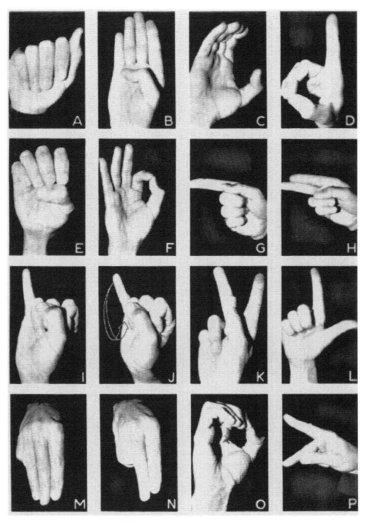

Anlage 1: Das Fingeralphabet I.[508]

---

[508] Die Abbildungen sind entnommen aus: MAISCH/WISCH (1987): 14f.

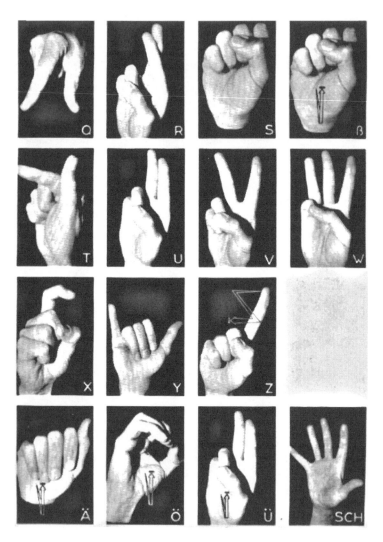

Anlage 2: Das Fingeralphabet II.

Die Autorin:

Ramona Fromm ist angehende Grundschullehrerin und lebt in Berlin. Als Tochter eines spätertaubten Vaters kam sie schon früh mit der Thematik 'Hörbeeinträchtigung' und ihren zahlreichen Auswirkungen in Kontakt. Sie arbeitet darüber hinaus seit Jahren als heilpädagogische Einzelfallhilfe im Frühförderbereich von Cochlear implantierten Kindern.

8737222R00092

Printed in Germany
by Amazon Distribution
GmbH, Leipzig